Sylvie & Erick Pétard

Avec la collaboration de Thierry Paillard

L'espérance qui nous fait vivre

ARTÈGE

Éditions Artège
10, rue Mercœur – 75011 Paris
9, espace Méditerranée – 66000 Perpignan
www.editionsartege.fr.

ISBN : 979-10-336-1151-6
EAN : 9791033611875

L'espérance qui nous fait vivre

À Aurélie, Eugénie, Fanny, Charles, Caroline,
Daniel, Florian, Juliette, Kévin, Flavien,
Mathieu, Sébastien, Tiphaine, Margot,
Valentin et tous leurs amis qui ont aimé
et croisé Marion et Anna
durant leur courte vie.

Prologue

On est d'un pays comme on est d'un père. On naît d'une terre comme on naît d'une mère. Et nos filles sont de ce pays de France, nées en son cœur, en son jardin. Elles se sont éveillées à la vie près du plus mystérieux et du plus romantique des fleuves qui ne peut se dire qu'au féminin. Longue, indolente et langoureuse coulée argentée aux humeurs changeantes, la Loire se fait et se défait au gré des saisons et des bancs de sable. Elle apporte à tous ceux qui s'en approchent paix et sérénité. Elle incarne la douceur de vivre.

Discrète en son cours, elle n'apparaît même pas dans le nom de notre département, qu'elle traverse pourtant de part en part, avec la ville si royale de Blois en son centre. Frontière naturelle, la Loire sépare notre département en deux. Au sud, si peu qu'on s'en éloigne, l'aspect riant du paysage laisse place à l'âpreté. Le combat pour la vie se fait jour. Terre pauvre et acide de la Sologne, tantôt humide, tantôt à l'inverse desséchée. Terre durement gagnée sur la forêt avec le plateau de Pontlevoy, sorte d'immense clairière cernée de futaies qui se tendent les bras, parfois y parvenant, parfois pas.

Entre ces deux terres, un petit cours d'eau fraie son chemin, la Bièvre, le long duquel dominent la vigne et le maraîchage. C'est là que nous habitons. Dans ce Loir-et-Cher, à deux pas de celui chanté par Michel Delpech :

Ma famille habite dans le Loir-et-Cher
Ces gens-là ne font pas de manières
Ils passent tout l'automne à creuser des sillons
À retourner des hectares de terre
Je n'ai jamais eu grand-chose à leur dire
Mais j'les aime depuis toujours
De temps en temps, je vais les voir
J'passe le dimanche dans le Loir-et-Cher.

Mais à compter d'un certain vendredi 13, nos filles ne sont plus jamais revenues nous voir dans notre longère sertie de vignes, de champs et de bois. Un vendredi 13. Jour anodin pour beaucoup, jour de malheur pour nous cette année-là. Peut-être que certains ne se rappellent pas ce qui s'est passé le vendredi 13 novembre 2015. Nous si.

On dit des Américains qu'ils se souviennent exactement où ils étaient et ce qu'ils faisaient le vendredi 22 novembre 1963 lorsqu'ils ont appris l'assassinat de leur président, ou le mardi 11 septembre 2001 lors les attentats des Twin Towers. Le vendredi 13 novembre 2015 possède-t-il le même pouvoir évocateur chez nous, en France ?… Nous en doutons.

Il faut dire que de telles dates s'égrainent comme un chapelet maintenant sur notre sol national : mars 2012 à Toulouse et Montauban, le 7 janvier 2015 à *Charlie Hebdo* et deux jours plus tard à l'Hypercacher de Vincennes, le 21 août 2015 dans le train Thalys, le

13 novembre 2015 à Paris, le 14 juillet 2016 à Nice, le 26 juillet 2016 en l'église Saint-Étienne-du-Rouvray, le 20 avril 2017 sur les Champs-Élysées, le 1er octobre 2017 à Marseille, le 11 décembre 2018 à Strasbourg, le 3 octobre 2019 à la préfecture de police de Paris, le 4 avril 2020 à Romans-sur-Isère, le 16 octobre 2020 à Conflans-Sainte-Honorine, le 29 octobre 2020 à la basilique de Nice, et combien d'autres encore…

Maintenant vous devez vous faire une idée. Et avec cette précision de la ville – Paris –, vous devez situer. Et si l'on ajoute en plus « *Bataclan* », alors là il n'y a plus de doute pour vous, nous en sommes sûrs.

Cela dit, pour nos deux filles, non, ce n'était pas au *Bataclan* ce soir-là. Pour rappel, entre 21 h 16 et 0 h 58, il y a eu plusieurs attaques : la première aux abords du Stade de France, la deuxième au restaurant *Le Petit Cambodge* et *Le Carillon,* la troisième à la brasserie café *La Bonne Bière* et au restaurant *Casa Nostra*, la quatrième au *Bataclan*, la cinquième au bar *La Belle Équipe*, la sixième au bistrot-restaurant *Le Comptoir Voltaire.*

Pour nos filles, c'était au *Carillon.* Si vous ne vous rappeliez pas ce lieu, on ne vous en veut pas. L'esprit humain ne peut pas tout retenir. Il faut bien qu'il résume. « *Bataclan* » récapitule bien, même si on laisse alors de côté les treize morts du *Carillon* et du *Petit Cambodge*, au croisement des rues Bichat et Alibert. Même si on oublie nos filles. On ne vous en veut pas d'oublier. C'est humain. Mais nous, on ne peut pas s'empêcher d'y penser. Tout le temps. « Chaque jour que Dieu fait », comme on dit. Comment oublier lorsque la chair de votre chair vous a été enlevée ? Non, on ne peut pas oublier. Toute mère peut ressentir cela. Tout père aussi.

Le vendredi 13 novembre 2015, donc, des hommes – mais sont-ils humains ceux qui éliminent ainsi gratuitement la vie humaine ? – ont tiré sur nos filles. Et sur nous aussi, quelque part, fatalement, psychiquement.

À partir de ce moment une nouvelle vie a commencé pour nous. Peut-on l'appeler « vie » ? Au début, non. Oh grand non ! Et puis avec le temps, dans notre désert, nous avons senti sourdre une source. Elle continue à frayer son chemin dans nos cœurs. Elle passe à travers nous sans être de nous, sans nous arrêter à nous-mêmes. Elle nous invite à fleurir à nouveau. Quand ? Comment ? Nous ne le savons pas. Nous savons simplement qu'une tempête a abattu tout ce que nous avions construit, et plus même : tous nos projets, tous nos rêves. Et voici qu'au cœur de notre vie, une nouvelle Vie a commencé. C'est de cette renaissance que ce livre entend témoigner.

Ce livre est divisé en deux parties. La première chronologique, la seconde plus thématique. Qu'on ne s'étonne pas d'une cassure entre les deux. Elle est à l'image de ce qu'a été notre vie. Il y a vraiment eu un avant et un après, un temps sans Dieu et un temps avec lui.

Sylvie et Erick

Première partie

L’insoutenable et ses suites

Et pourtant, tout avait si bien commencé...

> Sylvie

Les jours s'égrènent. Rien à signaler. C'est la routine. Depuis dix ans, nous tenons une boucherie-charcuterie près de Blois. Je suis au labo pour fabriquer la charcuterie, et Erick au magasin pour la vente. C'est bien ainsi, nous nous complétons impeccablement. Chacun son domaine. Personne n'empiète sur le territoire de l'autre. Et en même temps, partager le même métier a soudé notre couple. Erick était boucher à Paris quand je l'ai rencontré. J'ai lâché mon métier de fleuriste pour lui et je ne le regrette pas. En l'épousant, j'ai épousé son métier. Trente ans que nous vivons ensemble, sans ombre au tableau. Notre complicité n'a fait que croître avec le temps. Je l'aime. On s'aime. Et deux filles sont venues nous combler de joie. Que souhaiter de plus ?

Dans cette vie bien réglée, les lundis peuvent apporter un peu de fantaisie. C'est le cas en ce 9 novembre 2015. Je suis toute guillerette. Voilà deux mois, j'ai choisi un chiot berger-allemand chez un éleveur du coin. Il est en âge d'être sevré. Avec Erick nous prenons le Mercedes Vito blanc pour aller le chercher. Bien sûr, quand j'envoie les photos et les vidéos aux filles, elles le trouvent « trop mignon » et n'ont qu'une hâte : le voir !

Mais quand cela sera-t-il possible ? Quand pourront-elles venir ? Marion est débordée, avec ses cours de master à la Sorbonne, sa flûte traversière à travailler, son job d'appoint à honorer. Quant à Anna n'en parlons pas, maintenant qu'elle est si épanouie et heureuse à Barcelone… « Ma Mamounette d'amour, c'est décidé, je reste en Espagne pour quelques années », m'a-t-elle dit. Leur retour au bercail n'est pas pour si tôt.

Mercredi 11 novembre. Jour férié pour beaucoup, mais pas pour moi en raison du travail à faire. Mais surtout, jour de mon anniversaire ! 54 ans ! Ce qui compte pour moi ce jour-là, c'est l'amour de mon mari et de mes filles. Nous formons une famille à nous quatre, et je ne ressens le besoin de personne d'autre. Je ne suis guère portée vers les grandes réunions familiales où tout le monde se sent obligé de venir, alors qu'il n'y a eu aucun autre échange durant l'année. Aujourd'hui je suis seule avec Erick, mais ce n'est pas grave. Je sais que les filles vont penser à moi. Je sais qu'elles vont me le manifester, d'une manière ou d'une autre, par un message, une photo, une vidéo, que je recevrai sur mon iPad si joliment décoré grâce au cadeau reçu la veille par la Poste. Dès que j'ai ouvert le colis, j'ai reconnu le croquis que j'avais dessiné un jour sur une planche à pain. Ah ! Nana notre graphiste ! Quelle bonne idée ! Elle avait transformé le croquis à sa façon et l'avait fait imprimer sur une coque : c'était génial et unique !

Et voilà qu'elle m'appelle ! Je décroche. On papote longtemps, comme d'habitude. Le boulot pendant ce temps ? Je le mets au placard. J'ai toujours été à l'écoute et présente pour les filles. Ça a toujours été comme cela. Déjà, quand les filles étaient petites et jusqu'aux premières années d'école, elles étaient constamment avec moi au labo, quelle que soit la saison. Installé dans l'ancien abattoir de Pontlevoy, sans chauffage, il y faisait aussi froid dedans que dehors. L'hiver, je les emmitouflais de bonnets, gants et doudounes, de la tête aux pieds, et hop... sur le baby-relax. L'été, je les installais dans le parc en bois au milieu du labo, et elles se promenaient, l'emmenant avec elle. Et pendant qu'elles faisaient leur sieste, je branchais le baby-phone pour être libre de travailler. Mais toujours je lâchais tout pour elles. Sauf quand je faisais le boudin noir, pour que le sang ne se fige pas...

Et donc, comme je ne suis pas dans le boudin aujourd'hui, en ce 11 novembre, nous papotons. Et Anna de me dire : « T'inquiète, Mam, je vais bientôt venir. » Et hop, terminé ! On en reste là. Que peut-elle bien manigancer ?...

À la coupure de treize heures, je prends la voiture et me rends à la clinique de Blois pour voir ma mère. J'y vais seule, comme une grande fille, même si je n'aime guère ce genre d'établissement. J'entre dans la chambre. Elle est là, allongée dans le lit. Mais je ne suis pas seule avec elle. Mon père est là aussi, assis à son chevet, et ma sœur et mon beau-frère, debout. Sortie de coma diabétique. C'est assez impressionnant et affolant. Elle aurait pu mourir. Elle est tellement à l'ouest qu'il est impossible d'entrer vraiment en contact avec elle. Mon père, lui, reste là, impuissant, sans rien dire. Je discute avec ma sœur et mon beau-frère. Et puis soudain j'y pense : certes, c'est pour maman que nous sommes tous là, c'est elle le centre de toutes les attentions, mais cela ne nous empêche pas de parler à tout va, eh bien personne n'a pensé à me souhaiter mon anniversaire ! C'est pourtant toujours le même jour, et un 11 novembre en plus. Il suffit de se rappeler l'armistice, les morts de 14-18. Oui, qu'elle est bonne et chaleureuse notre famille à nous quatre ! Je n'ai nul besoin des autres ce jour-là. Je reste encore un peu, puis lance : « Allez, au revoir tout le monde ! » et m'en vais.

Vendredi 13 novembre. Faut-il donc être superstitieux pour croire que les vendredis 13 portent malheur ?! Tout ça parce qu'ils étaient treize autour de la table à la dernière Cène et qu'Il a été crucifié le lendemain, un vendredi. Ce vendredi 13, il fait beau. Et tout tourne au beau fixe. Dans l'après-midi, je retourne voir ma mère, toujours hospitalisée. Son état s'est amélioré si bien qu'elle doit sortir le mardi suivant. À quinze heures, en sortant de la clinique, je l'annonce à Marion :

« Pas d'affolement, tout est rentré dans l'ordre. Mamy sort mardi.

– Tant mieux, me répond-elle, ajoutant, tu sais, maman, Anna est là, on a mangé ensemble ce midi, elle veut te faire la surprise ! Là, je vais travailler au magasin, avec Barbara, et ce soir on se retrouve, sûrement avec des amis. »

Marion m'a vendu la mèche. Elle n'a pas su attendre. Et Anna, quelle cachottière quand même ! Elle m'a dit qu'elle allait bientôt venir, mais quant à penser que ce serait maintenant ! Son contrat à la mairie de Barcelone comme graphiste commence la semaine prochaine ! Avec cet aller-retour à Paris et à la maison, elle va être sur les rotules pour commencer son nouveau job ! Mais que je suis heureuse pour elles ! Je le sentais, Marion était toute contente d'être avec sa sœur. Cela faisait un mois qu'elles ne s'étaient pas vues et elles en ressentaient le besoin, l'une comme l'autre. Alors je lui dis :

« Bon, pour Mamy, tu le diras à Nana et on s'appelle ce soir ou demain. Je vous fais de gros bisous à toutes les deux et passez une bonne soirée. Surtout, faites attention à vous, il y a des fous partout.

– T'inquiète, Mam, on est toutes les deux et rien ne peut nous arriver... »

Oh ! Que j'étais contente, contente, contente ! Pour elles, mais aussi pour moi. Anna venait, et moi aussi j'avais besoin de gros câlins. La journée de lundi s'annonçait sous les meilleurs auspices. Comme prévu, j'allais me rendre à Paris, passer la journée entière avec Marion. Nous en profiterions pour aller chercher mon cadeau d'anniversaire. J'avais choisi une bague, la même que Marion, mais avec une pierre différente. Elle avait opté pour un saphir et moi pour une émeraude. Elle l'avait dénichée chez un artisan joaillier, sur les quais de Seine. Mais en plus de Marion, il y allait y avoir Nana. Cette journée sera encore meilleure grâce à sa présence. Nous serions toutes les trois ensemble, pour la journée entière ! Le rêve !

Je récapitulais et peaufinais le programme. Je regardais les horaires de trains. Donc, dimanche, ouverture de la boutique et travail toute la matinée jusqu'à sa fermeture à treize heures. Arrivée d'Anna à Blois par le train de midi. J'irai la chercher et elle nous aidera au nettoyage afin de rentrer plus tôt à la maison. L'après-midi, visite de sa grand-mère à la clinique. Le lendemain, lundi : train toutes les deux, direction Paris, afin de rejoindre Marion pour la journée. Je rentrerai le soir à Blois. Anna restera à Paris avec sa sœur et repartira le lendemain pour Barcelone.

Ce projet était génial. « Bon, je leur téléphonerai samedi pour leur donner les horaires. Pour le moment, laisse-les tranquilles. Tu n'as pas à t'inquiéter, elles sont ensemble. »

Le reste de l'après-midi au travail se déroula comme à l'ordinaire. Mais je n'étais pas tranquille : je n'arrivais pas à savoir pourquoi. J'hésitais à les appeler. Je me raisonnais. « Elles sont ensemble. Tu as eu Marion cet après-midi au téléphone. Tout se passe bien. Il n'y a pas de lézard. Tu ne vas pas les embêter ce soir ! jouer la mère-poule que tu n'es pas. Nous verrons demain. »

Jour calme et terreur nocturne

> Erick

Une énième journée de travail se termine. Une journée comme d'habitude. Je ne les compte plus. Quarante-sept ans de boucherie, trente-sept à mon compte. Comment peut-on être toujours aussi amoureux de son métier, même à la retraite, même lorsqu'on a commencé dès l'âge de quatorze ans ? Je ne le sais pas. Acheter, préparer, fabriquer, vendre. Je n'ai jamais eu le temps de m'ennuyer. Quel plaisir d'être au contact du client, de le satisfaire ! Quel plaisir de s'ancrer dans le terroir où l'on est né, où l'on a grandi, de travailler avec des éleveurs locaux, respectueux de leur cheptel ! Quel plaisir de vivre près de la Loire, au cœur de la France, de sentir encore, jusque dans son corps et ses tripes, que labourage et pâturage ont vraiment été les deux mamelles de la France !

Ce vendredi 13, nous rangeons et nettoyons le magasin. Comme d'habitude, donc. Sylvie me fait part des dernières nouvelles et me raconte ses projets pour Paris avec les filles. Un ami est venu nous aider, comme chaque vendredi soir. Cela lui fait plaisir et nous permet de terminer à vingt heures. Une de ces marques d'amitié comme on les apprécie, qui facilite la vie et lui donne du goût.

Nous rentrons chez nous, dans cette vieille longère que je tiens de mon grand-père. Enfant de l'assistance publique, il l'avait acquise au prix d'années de labeur. Nous l'avons entièrement rénovée. Lorsque notre boucherie trouvera acquéreur – ce qui ne devrait pas tarder, nous l'espérons – nous pourrons bénéficier de la retraite et continuer à y recevoir nos filles. Elles sont toutes excitées à l'idée de s'installer à l'étranger. Mais elles ont besoin du cocon familial. Comme père, je les ai lancées vers la vie, le monde. Comme père j'aime bien avoir les filles attablées, me raconter leur vie. Enfin, ce qu'elles veulent bien m'en dire. Un père aimant n'est pas un père tyran.

Une fois arrivé, je vais rendre visite à mes vieux parents, de l'autre côté de la cour, comme chaque soir. Pendant ce temps Sylvie prépare le dîner. Une fois revenu, nous nous asseyons pour dîner et allumons la télévision. Pas pour la regarder en réalité, mais pour visionner la seconde partie du film commencé la veille. Seulement, comme nous ne sommes pas au top de la technologie, nous devons passer par la télévision pour sélectionner le lecteur DVD. Alors nous passons deux secondes par la case télévision. Passage obligé. Quel était ce film que nous avons visionné ce soir-là ? Je ne me le rappelle plus. Un déjà vu sûrement. Car nous sommes collectionneurs de vieux films. Quel bonheur, encore et encore, de regarder Raimu dans *Le Fauteuil 47* ou Pierre Fresnay dans *La Main du diable*… et j'en passe. Transportés dans le passé, le temps s'arrête pour nous pendant que le monde tourne et file. À l'inverse des films d'aujourd'hui, nul changement de plan ultra rapide, nulle frénésie. On savoure chaque instant. Nous avons initié les filles à ces vieux films. Leurs instituteurs étaient étonnés de les voir connaître des générations d'acteurs disparus. Par la suite, les filles n'ont jamais eu de télévision dans leur chambre. Et comme nous plus tard, elles visionnaient des DVD, ou encore regardaient des films depuis leur ordinateur, sur CD ou en streaming. Un seul bémol à tout cela : Anna était friande de *Plus belle la vie*. Ce n'est évidemment pas notre tasse de thé. Nous trouvons la série mal jouée et les vies décrites ne correspondent en rien à la vraie vie. « Que ton espoir soit sans limites, / Donne un sens à ton histoire. / Offre-toi ce que tu mérites / Pour prendre un nouveau départ. » Il y a mieux comme générique de fin. Mais pas de quoi leur faire un procès. Mais, avec Sylvie, on l'a dit à Nana : « Pourquoi regardes-tu ces feuilletons ? » Sa réponse a été : « Justement, c'est pour étudier et analyser les stéréotypes des acteurs que l'on ne trouve pas dans la vraie vie de tous les jours. Il y a deux façons de regarder *Plus belle la vie :* au premier degré et au second degré. Je relativise, faut pas vous inquiéter. » Bon, on connaissait notre fille, on ne s'est pas inquiétés. L'une et l'autre pouvaient nous surprendre par leurs choix, on connaissait les graines qu'on avait semées, les valeurs qu'on avait inculquées. On en voyait poindre les fruits par la manière dont elles menaient leur barque.

Une fois le film fini, nous sommes repassés par la télévision, la case obligée. Et là, nouvelles chocs sur BFM TV : « Plusieurs fusillades au Stade de France et dans Paris… » Après un si bon film si calme, le retour à la réalité du monde est rude.

« Oh là là ! Les pauvres, c'est horrible, dit Sylvie à mes côtés.

– C'est où ? C'est où ? m'entends-je dire.

– Dans Paris, au *Bataclan*. »

Bon, les filles n'avaient pas l'intention d'aller à un concert ce soir, elles l'auraient dit. Ou alors en dernière minute, à l'improviste ? Non. Et puis Paris est si vaste ! Je ne le sais que trop pour y avoir tenu pendant six ans une boucherie rue de Vouillé, dans le xve arrondissement.

Nous écoutons encore un peu les informations. Tirs sur des terrasses avoisinant le canal Saint-Martin. Aïe ! Ce n'est pas loin du travail de Marion. Le mois dernier, elle nous a emmenés dans un restaurant de spécialités périgourdines. Délicieux. Elle nous a vanté ce quartier, qu'elle trouvait super animé le soir et plein de bistrots. « C'est le nouveau quartier de Paris », nous a-t-elle dit. Il était sur son chemin pour rentrer chez elle, avenue Mathurin-Moreau, près du parc des Buttes-Chaumont.

Sylvie éteint la télévision. Je la sens toute remuée. Elle appelle les filles. Silence.

> Sylvie

Pourquoi faut-il que depuis la fin d'après-midi je sois si stressée. Je n'en ai rien dit à Erick. Il y a tellement de raisons, pour une femme de 54 ans, de se sentir mal à l'aise... Peut-être la ménopause ? C'est ce que m'aurait dit Anna.

Une fois à la maison j'ai fermé les volets, donné à manger à notre nouvel hôte, le petit chiot Loumi. « Tu vas voir, Nana vient dimanche et elle va t'adorer. Elle voudra même t'emmener à Barcelone ! Peut-être iras-tu dormir dans sa chambre, comme une peluche. » C'était même sûr, je connaissais trop ma puce. Et je leur ai laissé un message – c'était plus fort que moi – en leur disant que je les aimais de tout mon cœur, « à l'infini et au-delà ». C'était notre devise, depuis que nous étions allés au cinéma, tous les quatre, voir *Toy Story*. Eh oui... Il y a des phrases qui restent, on ne sait pourquoi !

Et là. Ces attentats à Paris, dans leur quartier. Quelle horreur ! Et ce silence de leur part... Peut-être sont-elles déjà au lit ?... Ou peut-être n'ont-elles pas leur portable à portée de main ?... Peut-être ne captent-elles pas – parfois il ne faut pas grand-chose – ou peut-être sont-elles avec leurs amis, portables dans leur sac ?... Ou, ou, ou... ?

Je ne vais tout de même pas les appeler en pleine nuit ! Tout d'abord, si elles sont endormies, je vais les réveiller et je me ferai tirer les oreilles gentiment. Je les entends me dire : « Maman, t'as vu l'heure ? Qu'est-ce qui se passe ? »

Cela me rappelle il y a quelques années. Au début de sa vie parisienne, Marion habitait dans le XIVe arrondissement, au-dessus du terminus des bus. Et un matin elle ne répondait pas à mes appels téléphoniques. Marion se levait toujours tôt et la matinée était déjà si engagée... J'ai appelé la gendarmerie du quartier afin qu'ils aillent voir si tout était normal. Passant par le balcon, ils tombèrent sur Marion dormant comme un bébé ! Fatiguée de sa journée la veille, elle avait mis ses boules Quies !

Donc, ne t'inquiète pas, me dis-je. Et d'un autre côté je m'inquiète. Car elles me connaissent bien, les filles. Elles m'auraient appelée ou laissé un message pour me dire que tout allait bien, que je ne devais pas m'inquiéter et qu'on s'appellerait le lendemain comme convenu. Je me couche, mais sans pouvoir dormir. Une boule dans mon ventre me vrille. Ce ventre qui les a portées, qui les connaît, qui les sent, qui parle plus vrai que la tête. C'est plus que de la peur. Bien plus... J'angoisse... Et si... ?

La montée de l'angoisse

> Sylvie

Ce samedi matin, à cinq heures du matin, alors que nous nous levons, je regarde le téléphone… Rien… Pas de message. Pas de notification d'appel.

Nous allumons la télévision tout en prenant notre petit-déjeuner, par besoin d'en savoir plus. J'hésite à les appeler si tôt : si elles ont fait la fête hier soir, elles dorment encore profondément…

« Plusieurs morts aux terrasses du *Carillon*, du *Petit Cambodge*, à *La Belle Équipe*, rue Alibert, rue Bichat », apprend-on à travers l'écran plat.

« C'est bien le quartier de Marion, me dit Erick. Le magasin où elle travaille est à deux rues de là. »

Je ne peux en entendre plus. L'angoisse m'étreint. J'ai l'impression d'étouffer. Je ne peux plus manger. Je n'y tiens plus. Il faut que j'appelle, il faut que je sache. Sept heures. Allez, c'est possible maintenant. Mais Marion d'abord. Même si elle a fait la fête hier soir, elle se lève tôt. Au pire, je les réveillerai… Ça sonne. Personne. Bon, Anna maintenant. Personne.

En tremblant, je tape un message que j'envoie aux deux : « Rappelez-moi, les puces, il s'est passé quelque chose de très grave à Paris, rappelez-moi !!! »

Il est l'heure de partir. Nous nous rendons au magasin, pas tranquilles du tout. Durant la petite demi-heure de trajet en voiture, nous ne parlons pas. Chacun reste dans ses pensées. Erick, comme d'habitude, cherche à me calmer. « Peut-être que ci… Peut-être que ça… » Mais je sens bien qu'il est inquiet tout comme moi.

Je prépare la vitrine en automate. Je me retiens de pleurer, de peur. Le silence, toujours le silence, rien que du silence. Le jour est bien levé maintenant, l'heure tourne, et je m'accroche encore et toujours à cette idée : « Elles dorment. Tu te fais du souci pour rien ! Hier soir, à huit heures moins le quart, tu leur as envoyé un message tout mignon d'amour, comme on aime à se les faire, et elles ont répondu. Alors ?… »

Mais au bout d'un moment je n'y tiens plus. Je laisse Erick à la boutique, seul avec notre employé, et je pars me réfugier derrière, dans mon laboratoire de charcuterie. Et là, je téléphone, téléphone, encore et encore…

Je sens une appréhension maternelle monter en moi. Maintenant ce n'est plus possible. Tu dois te rendre à l'évidence : il s'est passé quelque chose !

Mais alors c'est la panique. Comment savoir ? Quoi faire ? Où me tourner ? Qui déranger ? Je connais leurs amis, pour ce qu'elles m'en ont dit. Mais comment les joindre? Ce sont leurs amis, pas les miens, je n'ai pas leurs coordonnées. Peut-être la boutique où travaille Marion? Elle est ouverte le samedi. Je tombe sur Barbara, sa patronne. Oui, bien sûr qu'elle est au courant de la fusillade. Tout le quartier était bouclé. Mais Marion ne doit commencer son travail qu'à quatorze heures. Or il n'est que neuf heures. Dès qu'elle aura des nouvelles, elle m'appelle. Bon. Le numéro spécial donné à la radio alors? Je tape 0800 40 60 00: *overbooké*! Et voici qu'une amie de Marion m'appelle.

« Bonjour, madame. Voilà, je vous appelle car je n'arrive pas à joindre Marion, ni Anna d'ailleurs. Mais peut-être avez-vous des nouvelles de votre côté? »

Je n'en ai pas plus qu'elle, malheureusement. Mais où sont-elles? Et je me surprends à appeler Dieu. Je prie : « Mon Dieu, où sont-elles? » Son amie se veut rassurante :

« Peut-être qu'elles se sont cachées quelque part dans un immeuble? »

Il n'empêche, quelque chose cloche.

Et voilà que plusieurs autres amis des filles m'appellent, nombreux étant ceux qui avaient mon numéro de téléphone. En effet, deux mois plus tôt Marion avait cassé son portable et je lui avais prêté le mien. Du coup, Marion avait donné mon numéro de portable à tous ses amis et à l'université pour la contacter avant qu'elle n'en ait un nouveau. Cela avait duré plus d'un mois. Comme Anna râlait! « Oui, maman, quand je t'appelle, je tombe toujours sur Marion. Je n'aime pas appeler à la boutique, et j'ai besoin de te dire plein de choses secrètes. »

Elle pestait et elles en riaient ensuite toutes les deux. Puis Marion avait racheté un téléphone et m'avait rendu le mien.

Je recompose le numéro d'urgence. Toujours bloqué. J'écoute à nouveau la radio. Pas plus d'informations. Impuissante, je retourne au magasin, histoire de me changer les idées. Je n'y reste que quelques minutes. Mon visage est rempli de pleurs. Je retourne donc dans mon labo tandis qu'Erick explique mon anxiété aux clients. Ils restent sans voix. Que dire ?

Le téléphone ne me quitte pas.

Eugénie, une amie d'Anna, m'appelle : « Sylvie, je sais qu'Anna devait venir ce week-end. On s'est parlé pendant plus de deux heures en FaceTime mardi. Elle me l'avait dit mais ce n'était pas sûr. Elle voulait te faire la surprise. J'espère qu'elle a changé d'avis et qu'elle n'est pas à Paris. Je n'arrive pas à la joindre. J'ai eu Fanny au téléphone, mais elle non plus n'arrive pas à la joindre… »

Donc je ne suis pas folle. Toute la garde rapprochée des filles s'inquiète comme moi. Eugénie, une des meilleures amies d'Anna, sinon sa meilleure amie, qui se connaissent depuis la cinquième, qui ont fait les quatre cents coups ensemble. Et puis Fanny, sa colocataire à Barcelone, qu'elle ne connaît que depuis août mais avec qui elle s'est tout de suite bien entendue. De toute façon, tout le monde s'entend avec Anna, tellement elle est joyeuse et curieuse de toute rencontre.

Et c'est au tour de Benjamin, puis de Florian, puis de Daniel, puis de Sébastien, de me laisser des messages. Tous de la même teneur : « Bonjour, madame, je m'excuse de vous déranger, mais je cherche à joindre Marion ou Anna. Elles étaient ensemble hier soir. »

Et puis Charles, et ensuite Mathieu. Ah, Mathieu ! Il est venu à la maison avec ma Marion le dernier week-end de septembre. Il faisait un temps magnifique et ils sont allés à Chambord à vélo, sans casque ! Quelle imprudence !

Je rappelle encore et toujours ce fameux numéro qui reste injoignable.

La matinée se passe, le portable scotché à mon oreille. Et je m'interroge affreusement. Là, et c'est d'une telle évidence que je suis foudroyée : il est arrivé quelque chose à mes puces. Je ne voulais pas le croire, mais, depuis hier soir, j'ai cette angoisse qui ne m'a pas lâchée. J'avais peur de la vérité, quelle qu'elle fût.

Nous rentrons à treize heures trente chez nous, afin d'allumer la télévision et d'y chercher des informations ou je ne sais quoi. Impossible d'avaler quelque chose. Je suis tétanisée par les images visuelles que je n'ose regarder. Erick commente : « Ce n'est pas possible, les filles ne peuvent pas être là-bas sous les couvertures ! » Je ne dis rien, complètement pétrifiée.

Je ne peux pas retourner au travail, je dois savoir. Cela tourne dans ma tête et dans mon corps.

Erick retourne au magasin. Il a hésité à me laisser, mais je lui ai conseillé d'y aller car je préférais rester seule et continuer à chercher nos filles. Qui pouvait m'aider ?

Le numéro d'urgence est toujours bloqué et je tremble de la tête aux pieds.

Une lueur me traverse l'esprit : je vais demander à Corine de m'aider. Cela fait un moment que nous ne nous sommes pas parlé au téléphone, mais tant pis. Il faut dire qu'elle comme moi sommes tous très pris par nos commerces alimentaires qui occupent quasiment tout notre temps, avec ses horaires importants, et toutes les lourdeurs administratives aussi. Dès que nous avons une minute, nous nous appelons. Mais voilà : il faut trouver le temps, ou le prendre. Et là je le prends. Je suis sûre qu'elle peut m'aider. Elle connaît beaucoup de monde à Paris. Et puis elle peut se déplacer, tout en laissant sa chocolaterie à son employé.

Je l'appelle donc, toute tremblante. Je n'ai même pas besoin de dire un mot : elle a tout compris. « Bien sûr que je vais t'aider. J'voudrais pas être pessimiste. Mais tout ce que tu me dis m'inquiète. Je vais sur place, et je t'appelle. »

Entre-temps, je tape à nouveau ce maudit numéro et, cette fois, quelqu'un me répond. Enfin !

« Sylvie Pétard à l'appareil. Voilà... Je n'ai aucune nouvelle de mes deux filles depuis hier soir... Elles étaient ensemble... J'ignore l'endroit... Mais c'est leur quartier. » Ma voix tremble tellement qu'il ne comprend pas ce que je lui dis. Je suis obligé de répéter.

« Attendez… Je regarde sur ma liste… Non, rien, madame. » Une lueur d'espoir alors ? « Mais vous savez, je n'ai pour l'instant que quelques noms. Il est encore trop tôt. Ma liste va s'allonger… Rappelez plus tard », ajoute-t-il.

Comme réconfort, on peut trouver mieux. En voilà un qui ferait mieux de tourner sept fois sa langue dans sa bouche avant de parler. Mais je l'ai, je ne le lâche pas !

« Non ! Non ! Toute la matinée, j'ai essayé de vous joindre, en vain. J'ai besoin de savoir, maintenant, tout de suite, pas plus tard !

– Bon. Vous pouvez me décrire vos filles ?

– C'est-à-dire ?

– Eh bien, des signes particuliers, genre tatouages, ou piercings, ou cheveux teintés, ou, je ne sais pas, moi, ou toute autre particularité…

– Oui, bien sûr. Elles avaient toutes les deux des tatouages, chacune sur l'épaule, des cheveux blonds, des yeux bleus, bleus, bleus. Des filles belles comme le jour. Âgées de vingt-quatre et vingt-sept ans, elles avaient tout l'avenir devant elles. »

« Elles avaient tout l'avenir devant elles. » Pourquoi faut-il que je sorte de tels mots ? Et au passé en plus…

Il fait à nouveau des recherches, regarde au fur et à mesure qu'on lui communique de nouveaux noms… Mais pas celui des filles. Au bout d'un certain temps, ne sachant plus que me dire, il me donne les noms et numéros de téléphone des hôpitaux et cliniques de Paris et des environs, où sont accueillis les blessés. Enfin une piste !

Je note tout et remercie. « Bon courage ! » me dit-il.

Sur ce, Barbara – la responsable du magasin dans lequel travaille ma Marion – me rappelle :

« Marion n'est toujours pas arrivée au travail, elle si ponctuelle. Et puis son vélo est resté devant le magasin, depuis jeudi soir, attaché à une borne… »

Ah, oui ? Ce vieux vélo de course Peugeot d'Erick qu'elle a préféré au mien. Elle ne s'en sort – s'en sortait ? – pas trop mal malgré ses robes longues et ses talons hauts… Mais s'il n'a pas bougé depuis, voilà qui n'augure rien de bon.

Erick m'appelle pour prendre des nouvelles : toujours rien. Je lui restitue le peu que je sais. Il commence à réaliser que tout peut s'effondrer en ce jour.

Corine me rappelle : le quartier est interdit à toute personne étrangère au service médical. Elle s'est renseignée auprès de ses clients susceptibles de savoir quelque chose, mais c'est le néant total !

Marion était allée faire un petit coucou à Corine, afin de lui dire qu'elle revenait à Paris, une année à la Sorbonne, avant de partir pour Palerme. C'était au mois de juillet, avant de partir en stop faire son périple jusqu'en Turquie, accompagnée d'un ami qui a joué de la guitare tout au long de leur périple pour récolter un peu d'argent. Je n'ai pas dormi durant tout son voyage, même si j'avais de ses nouvelles par l'intermédiaire d'Anna. J'étais alors loin d'imaginer ce qui m'attendrait trois mois plus tard…

« Allez, fuis le blues… » Je prends mon courage à deux mains, respire profondément et commence à joindre les hôpitaux les uns après les autres. Chaque fois je suis accueillie par des personnes très compétentes. Et, inlassablement, je répète les mêmes phrases :

« Je cherche mes filles, au nom de Marion et Anna Pétard. Elles sont grandes, blondes, avec des tatouages toutes les deux. Elles étaient ensemble hier soir… et heureuses de l'être…

– Non, madame, nous n'avons aucun blessé portant ces noms. Désolé. Bon courage ! »

Je n'ai plus qu'un seul hôpital à appeler, et je recommence la description des filles. J'explique qu'aucun hôpital ou clinique dit les avoir reçues. « Nous non plus, madame. » « Merci, madame », dis-je. Et je raccroche. J'en viens à penser qu'ils savent déjà, mais que ce n'est pas à eux de me le dire, qu'ils ont sûrement eu des directives.

Je suis en transe. Je tourne en rond dans la maison en criant, les appelant : « Où êtes-vous, mes puces ? Répondez-moi, s'il vous plaît ! Répondez-moi, mes trésors d'amour ! Répondez-moi… »

Je suis une vraie loque. Et pourquoi faut-il à nouveau que je nie l'évidence ? Comment se fait-il qu'on n'ose pas croire au pire ? Allez, elles ne sont que légèrement blessées et dans une cellule de crise. Elles vont m'appeler dès qu'elles le pourront, afin de me rassurer. Et tout rentrera dans l'ordre.

Dix-sept heures sonnent… Je dois retourner au magasin. Je ne peux plus rien faire d'autre ici, si ce n'est attendre, et cela m'est insupportable. Autant aller rejoindre

Erick! Je monte dans la Twingo bleue qui appartient à nous trois : Marion, Anna et moi. Pourquoi faut-il que je pense à cela? À cette anecdote de Marion qui se laisse encore conduire après trois tentatives ratées pour passer le permis. Elle a le code, le train lui convient parfaitement pour l'instant. À plus tard, une quatrième tentative de conduite! La dernière fois qu'elle a passé l'épreuve, à Montrichard, un jeune séminariste, très instruit, devait la passer aussi. Et tout comme Marion, il l'a raté. Et elle de me dire alors : « Tu vois, ma petite maman, on peut être instruit et le rater. Ne pas avoir son permis n'est pas une question d'intelligence. » Ce qu'on en avait ri!

Mais là, je pleure mes filles dans la voiture, les appelant, encore et encore : « Réveillez-vous, mes puces, je vous attends. »

Pendant le trajet, des amis de Marion m'appellent encore. Eugénie m'appelle également à nouveau :

« J'ai peur, tu sais, et je pleure de tout mon cœur et de tout mon corps… »

Je m'arrête sur le bas-côté, lui décris l'après-midi que j'ai passée à chercher inlassablement les filles. Nous pleurons toutes les deux, puis elle me dit :

« Je viens te rejoindre à la boutique. »

Je continue ma route, tant bien que mal. Il est bientôt dix-huit heures et Erick m'attend sur le pas de la porte de derrière. Il me voit décomposée, décide sur-le-champ de fermer le magasin et de partir pour Paris. Pendant qu'il sert les derniers clients, je reste dans l'arrière-boutique, mon téléphone à la main.

Il sonne… Un numéro inconnu. Je n'ai pas la force de décrocher et appelle Erick. Là, au bout du fil, une dame du ministère de l'Intérieur :

« Vous êtes bien les parents de Marion et Anna.

– Oui, répond Erick.

– Je suis désolée, vos filles font partie des victimes des attentats. »

L'insoutenable attente

> Erick

Quand je me remémore cette journée du samedi, je me rappelle une attente insoutenable. Je me suis jeté dans le travail comme certains allument une cigarette, ou se versent un verre de vin. Pour oublier. Mais rien n'y a fait. Chaque minute était une torture. Devant les clients, je faisais bonne figure. Mais le cœur n'y était pas.

Attendre. Combien de fois dans nos vies attendons-nous ? Tout le temps peut-être. Comme tout un chacun, j'en ai connu de diverses sortes.

L'attente amoureuse, comme lorsque je me préparais à rejoindre Sylvie. Je me pomponnais. Je nous voyais nous promener bras dessus, bras dessous. Nous allions nous aimer et avoir des enfants. Quatre. Voyons grand ! Mais nous nous marierons d'abord. Ce temps des fiançailles creusera notre désir, fortifiera nos projets.

L'attente à la fois anxieuse et euphorique. Comme lors de la naissance des filles. Les pères n'avaient pas encore leur place dans la salle d'accouchement. Il fallait attendre l'issue, potentiellement heureuse, dans une salle d'attente. De tout mon être j'attendais la nouvelle qui, je le savais, allait me combler au-delà de ce que je pouvais concevoir.

L'attente pleine d'appréhension qui nous fait craindre pour l'avenir. Comme lors de mon cancer de l'intestin, avec l'attente du diagnostic, des résultats des examens, d'une possible récidive. Cette crainte de l'avenir qui nous a fait nous arrêter à deux enfants.

Mais de cette attente du samedi 14, comment en parler ? L'anticipation du pire nous a saisis. Nous étions maîtres de rien, comme suspendus dans le vide. À la merci des autres, de ce qu'on nous annoncerait. Une telle attente génère l'angoisse, et celle-ci de l'agressivité. À la boutique ce jour-là, j'étais comme Janus aux deux visages. L'un tourné vers les clients, tout sourire. L'autre tourné vers l'arrière-boutique où je savais Sylvie se débattre avec son téléphone, en prise à la panique. La tension intérieure était extrême. Et lorsque Sylvie m'a appelé, m'a tendu le combiné qui sonnait, avec ce numéro inconnu qui s'affichait, je savais.

« Je suis désolée, vos filles font partie des victimes des attentats », a dit la dame.

Et j'ai hurlé : « Comment pouvez-vous nous annoncer la mort de nos filles comme ça, comme un fait divers, au téléphone ? »

Cela aurait-il changé quelque chose d'être prévenus autrement ? Je ne sais. Durant la guerre, lorsqu'on voyait le maire ou les gendarmes en gants blancs s'approcher d'une maison, on savait bien ce que cela voulait dire. Et ils devaient être compassés, empêtrés eux aussi quant à la manière de dire l'indicible. Comme pour être assuré de ce que la dame vient de nous annoncer, je lui demande :

« Où sont-elles mortes ?

– Elles ont été fauchées dans la rue, elles se promenaient toutes les deux. »

Fauchées par la Grande Faucheuse venue faire sa récolte.

Juste après le coup de fil du ministère, Eugénie est arrivée. Sylvie et elle sont tombées dans les bras l'une de l'autre. Eugénie a essayé de la consoler, sans y arriver bien sûr. Sylvie avait du mal à parler. Le souffle coupé, elle criait :

« Elles sont mortes ! Les filles sont mortes, Eugénie, elles ne reviendront plus. Plus jamais ! »

Et moi, je me tenais là. Sans rien dire. Sans rien faire. Hébété. Souffrant comme elle, avec elle, pour elle.

Quand Eugénie est partie de son côté chez ses parents, nous sommes rentrés du nôtre. Il nous fallait annoncer la nouvelle à nos parents. Laissant Sylvie à la maison, je traverse la cour. Je sonne et, la main sur la poignée de la porte, je respire un grand coup et entre. Je vois la télévision allumée. Ils doivent écouter les informations depuis un bon moment, en boucle. Ont-ils vu tous ces cadavres recouverts dans leur sac plastique au sol ? Ont-ils imaginé que leurs deux uniques petits-enfants en font partie ?

Ils sont sous le choc. Mon père ne retient plus ses larmes. Il a travaillé la terre, les vignes, les animaux, sans répit, et tout ça pour quoi ? Quatre-vingt-quatre ans tous les deux, et voilà... tout est fini pour eux... Plus de petites-filles pour venir les taquiner. Plus de descendance après ma sœur et moi. Plus que la descente à la fosse pour nous tous. Et après, rien.

Quand je rentre à la maison, Sylvie a de son côté appelé son père, l'informant qu'elle n'irait pas à la clinique voir sa maman, dimanche, avec Anna... parce que les filles étaient mortes. Pour sa mère, son père s'en chargera, s'il en est capable.

Alors que nous nous préparons pour partir à Paris, le téléphone sonne. C'est à nouveau le ministère de l'Intérieur.

« Ce n'est pas la peine de venir cette nuit, vous ne verriez pas vos filles de toute façon. Vous êtes attendus demain à onze heures à l'École militaire. N'oubliez pas vos papiers d'identité. Ah ! Nous avons aussi des précisions. Vos filles étaient bien dehors quand elles ont été assassinées. Mais c'était à une terrasse de café. »

Ont-elles souffert ou non ? Sont-elles mortes sur le coup ou non ? Voilà ce qu'on voudrait savoir. Mais nulle réponse à ce sujet. Déjà, nous n'avons pas à partir maintenant, ce qui est mieux vu notre état. Nous gagnons notre chambre, dans cette maison soudain devenue trop grande pour nous deux. Nous nous allongeons l'un contre l'autre. Comme si la chaleur animale pouvait un tant soit peu réchauffer nos âmes glacées. Et une courte nuit a commencé, remplie de larmes – quel cauchemar étions-nous en train de vivre ? – et sans prière aucune – que pouvions-nous dire à Dieu ? Oui, et que pouvait-il nous dire aussi ? De toute façon, nous n'étions pas prêts à l'écouter. Ne venait-il pas de nous arracher ce qui nous était le plus précieux ?

Tous les ors de la République sont gris

> Erick

Le jour se lève. Encore cette douceur inhabituelle pour la saison. Cette douceur qui a tué nos filles. Car sans elle jamais elles ne se seraient attablées à l'extérieur. Il faut quitter le lit, affronter la réalité en face.

Le téléphone sonne à nouveau. C'est ma sœur Annick :

« Jacques et moi on vous emmène à Paris. Vous ne pouvez pas refuser. Ça va être trop dur pour vous seuls. »

J'accepte. Après tout, c'est leur oncle et leur tante, et je ne me sens pas d'attaque pour le voyage et tout ce qu'on risque d'avoir à affronter.

Une heure après, nous voici donc partis tous les quatre, avec nos papiers d'identité, comme demandé.

Deux heures et demie plus tard, nous voici devant l'ensemble monumental de l'École militaire, au bout du Champ-de-Mars. Corine et Jean Buganski nous attendent, minuscules statuettes au pied de l'imposante et majestueuse façade. Nous voici donc six à nous présenter à l'entrée.

Premier contrôle d'identité. Noms, prénoms, cartes d'identité, lien avec les victimes... Je soutiens Sylvie qui marche comme une automate. La place grouille de militaires, de gendarmes, de policiers. Comme si tout ce que la France compte d'armées et de forces de l'ordre s'était donné rendez-vous là. Je ne suis pas si heureux de les voir : le mal est fait. Je suis sur mes gardes, comme si j'étais entré en terrain hostile. L'État n'a pas pris les mesures nécessaires pour empêcher un tel carnage. Gabegie, incurie, ineptie. Pourquoi faut-il que nous fassions les frais d'une politique que je dénonce depuis tant d'années ? Pourquoi faut-il que ce soit de pauvres citoyens qui paient pour la faute des grands ?

On nous conduit en voiture jusqu'à un autre bâtiment. Là encore, du monde en petits groupes. Les entendre discuter de la pluie et du beau temps alors que, l'avant-veille, cent trente jeunes Français ont été lâchement assassinés et quatre cent treize blessés, dont quatre-vingt-dix-neuf grièvement, m'insupporte. À ceux qui rient, sans respect pour le lieu ni la situation, comme s'ils se trouvaient dans un salon parisien, je jette un regard noir.

On nous fait subir un second contrôle d'identité, comme si le premier n'avait pas suffi, comme si nous avions pu arriver de nulle part, comme si nous n'avions pas été accompagnés tout du long depuis le poste de garde, comme s'il pouvait y avoir imposture de notre part ! Ces contrôles, qu'ils les fassent donc aux frontières ! On n'en serait pas là. Bien sûr, plus tard j'ai compris que ce second contrôle devait être juste pour pointer les arrivées. Mais j'étais aveuglé par la haine, la colère, le désespoir.

Nous entrons dans un hall. Dans une pièce à droite j'aperçois la garde des Sceaux, Mme Christiane Taubira. Elle fuit mon regard, tourne la tête l'air de rien, et regarde par la fenêtre. Incapacité à gérer la souffrance des familles ? Peur d'affronter leur jugement ? Prise de conscience des conséquences d'une politique laxiste ? Ses péchés d'omission, qui les jugera ?

Je ne peux m'attarder plus à la dévisager : on nous invite à nous rendre dans une autre salle. À sa porte se tient le ministre de l'Intérieur, M. Bernard Cazeneuve. Alors que je le foudroie du regard, il tourne carrément la tête. Heureusement pour lui qu'il est entouré de sa garde rapprochée, sinon je crois bien que je l'aurais frappé.

Là, dans cette nouvelle pièce, la rage qui m'habite fait place à l'abattement. Où qu'on se tourne, ce ne sont que pleurs, sanglots, yeux rougis. Nous sommes entourés de gens que nous ne connaissons pas et qui se trouvent dans le même désarroi que nous. On nous fait asseoir en cercle, comme chez les scouts. Et l'attente commence pour notre petit troupeau bien docile. Des bénévoles de la Croix-Rouge se présentent devant chacun de nous, proposant une collation « café ? croissant ? » que nous déclinons d'un « non merci, vous êtes bien aimables, mais nous n'en avons pas envie ». Une autre vient nous demander « qui sont le papa et la maman ? » et nous levons le doigt comme à l'école, en bons élèves que nous avons été toute notre vie. Tout ça pour en arriver là. Cette psychologue de la Croix-Rouge nous confirme la seconde version : « Vos filles sont bien mortes à une terrasse de café. Mais je n'en sais pas plus à ce sujet. Désolée. »

Les heures passent. Pourquoi nous avoir fait venir ici ? Il n'y a rien à faire, rien à voir, rien à dire. Rien à entendre. Rien. Et nous qui pensions que nos filles seraient là, dans ce lieu !

Soudain, à l'entrée de la salle, un mouvement de foule. Voilà M. Manuel Valls en personne, le Premier ministre, s'il vous plaît. Bien entouré également. Ah ! lui, il a le droit d'être protégé. Mais les autres Français, pourtant aussi égaux que lui en droit, nenni. La République prétend avoir aboli les privilèges, ils ont simplement changé de main. Encore et toujours, « La raison du plus fort est toujours la meilleure », encore et toujours, « Selon que vous serez puissant ou misérable, / Les jugements de cour vous rendront blanc ou noir. »

Bref. Le voici qui vient à nous. Il nous salue, l'air peut-être sincèrement triste, mais qu'en a-t-il vraiment à faire : une autre préoccupation demain viendra chasser celle d'aujourd'hui.

« Toutes mes condoléances », me dit-il.

Et je me lâche :

« Pardon ? Je n'ai pas bien entendu. C'est de votre faute, tout ce carnage sanglant. Cela n'aurait jamais dû se produire. Vous êtes des faibles, des bons à rien, vous et toute votre clique. Vous êtes incapables de gérer la sécurité des gens !

– Je comprends votre douleur, vous pouvez tout me dire aujourd'hui.

– Et demain ? Et après-demain ? Vous avez combien d'enfants, monsieur le premier ministre ?

– Quatre.

– Eh bien, imaginez que vous les ayez tous perdus d'un coup vendredi. Voyez-vous, nous, on avait deux filles. Eh bien on n'a plus rien. Bon, cela fait plusieurs heures qu'on attend ici. Et pour quoi ? Si c'était simplement pour vous voir, ce n'était vraiment pas la peine. Ce sont nos filles que nous voulons voir !

– Ce n'est pas possible, les victimes décédées sont à l'institut médico-légal...

– Je suis venu aujourd'hui à Paris pour voir nos filles. Je ne partirai pas tant que je ne les aurai pas vues de mes propres yeux ! »

M. Valls se tourne alors vers son entourage, discute avec l'un, avec l'autre, préfet, haut fonctionnaire de la police, je ne saurais dire, et qu'importe.

« L'impossible sera fait pour que vous puissiez les voir.

– C'est avant, que l'impossible aurait dû être fait, monsieur le ministre, avant, pour éviter ce carnage. »

Et sur ce, il s'en va. Ainsi va le monde où les Ponce Pilate se lavent les mains avant la mort d'un innocent, ou comme ici, après.

« Allez, madame, monsieur, nous dit-on. Vous avez entendu M. le Premier ministre. Nous allons faire notre possible pour satisfaire votre demande. En attendant, il faut vous reposer. Nous vous réservons une chambre d'hôtel pour quelques heures. »

Et nous voilà congédiés, et de nouveau devant la porte de cette immense École militaire. Juste tous les deux, puisque les autres sont partis manger quelque chose depuis bien longtemps déjà. Je regarde les gens se promener, ou assis à la terrasse des cafés, comme si rien n'était arrivé. À eux, de fait rien ne leur est arrivé. Mais à nous ! ? Il est dix-sept heures. Le soir tombe en cette nuit d'hiver. Nous pleurons comme des enfants que nous ne sommes plus, orphelins de nos filles. Nous pleurons, non pas d'amour et de joie comme les amoureux que nous avons été, dans une autre vie, dans cette ville, mais de tristesse pour leurs enfants perdus, comme des parents amoureux de leurs filles. Edith Piaf chantait la vie en rose. Mais à Paris, en ce soir de novembre, tout est gris, même sous les ors de la République.

En quête des visages

> Sylvie

Il fallait se rendre à l'évidence. Ils ne tiendraient pas leur promesse. Nous ne verrions pas nos filles ce soir. Nous nous organisons alors pour rester chez Corine et Jean en région parisienne et revenir le lendemain matin.

À ce moment-là, mon téléphone sonne. C'est l'Institut médico-légal :

« Vous pouvez venir ce soir, mais il faut vous dépêcher car nous fermons les portes à dix-huit heures. »

Je connaissais cette fameuse morgue du quai de la Rapée par les films et les polars, avec sa longue façade de briques roses avare de fenêtres donnant sur la Seine. Décès sur la voie publique, décès d'origine criminelle ou considérés comme suspects, corps non identifiés, sont son lot quotidien. Mais cette fois ce n'est pas un film que je regarde, ni un Simenon que je lis. Et jamais je n'aurais pu imaginer mes filles être déposées en un endroit si morbide. Comment peut-on travailler là ? Autopsier des corps sans affect, comme un simple objet d'étude ?

Nous partons à deux voitures. Corine connaît Paris comme sa poche. Arrivés quai de la Rapée, un agent de la sécurité nous propose de nous garer en face. Même si le temps de stationnement est compté, il fermera les yeux. Pas besoin de lui faire un dessin, il a tout de suite compris notre détresse.

À l'entrée, il nous faut sortir nos cartes d'identité, et nous voilà dans les enfers. L'endroit est aussi sinistre et froid à l'intérieur qu'à l'extérieur. Je vois des familles revenir du bout du couloir en pleurant. Les uns soutiennent les autres. Certains tombent dans les pommes. L'horreur en 2015 ! J'ai peur pour la suite…

On attend. On nous appelle enfin, pour la démarche administrative. La secrétaire respecte notre grande tristesse. Elle s'excuserait presque de ce passage obligé, de toute cette paperasse qui déconnecte de l'humain.

Nous attendons à nouveau, en silence. Il est près de vingt heures. Le personnel administratif est parti. Et toujours ces familles qui reviennent du fond du couloir, là où tout se passe, effondrées… Je regarde les gens, comme dans un monde imaginaire. Dans ma tête, tout se bouscule. Je sens que ce cauchemar va rester gravé en moi à tout jamais, jusqu'à la fin de mes jours. Toutes ces années de bonheur, de joie, d'amour, de confiance… envolées en quelques secondes…

Le couloir se vide peu à peu. Il est vingt et une heures. Je tremble. On va nous appeler, maintenant, c'est évident. Une dame, sans blouse blanche, se présente à nous. Elle a l'air épuisée.

« Voulez-vous bien me suivre, s'il vous plaît ? »

Je me lève difficilement. Je tremble comme une feuille. La vérité me fait peur. Mais où suis-je ? Que fais-je là, un dimanche soir, alors qu'Anna devrait être avec nous à la maison ? Ce n'est que demain, lundi, que je dois venir à Paris avec Anna, rejoindre Marion pour la journée.

Nous suivons cette dame en silence, passant dans un dédale de couloirs, longeant des enfilades de portes. Enfin elle nous fait entrer dans une salle. Des chaises y sont disposées le long des quatre murs. Une fois que nous sommes tous assis, elle prend une chaise et s'assied face à nous. Médecin légiste, elle nous explique les conditions dans lesquelles nos filles ont trouvé la mort, la façon dont elles ont été touchées par les tirs de kalachnikov. Elle nous certifie qu'elles sont mortes sur le coup. C'est son métier de pouvoir déduire cela. Elles étaient debout. Elles ont pivoté sur elles-mêmes et sont tombées, toutes les deux ensemble.

Erick a l'air plus concentré que moi, écoutant attentivement, n'en perdant pas une goutte, enregistrant tout. Je sens qu'il a besoin de cette précision clinique, besoin de savoir. Moi, j'écoute sans écouter. Que cette femme médecin ait pu m'assurer que mes filles n'ont pas souffert est tout ce qui compte pour moi. Je suis dans un brouillard total. Je les imagine si contentes d'être ensemble. Elles me regardent avec leur sourire plein d'amour, je les aime mes puces…

Il est temps pour nous de voir nos filles. Le médecin légiste nous prévient :

« Vous ne verrez pas leurs blessures. Un drap recouvre les corps. Vous ne verrez que leurs visages. Celui d'Anna est abîmé, mais vous ne verrez pas ce côté-là. »

Elle nous demande si nous avons d'autres questions. Non. Que dire d'autre ? Erick et moi sommes tellement perdus. On ne peut que se laisser guider là où l'on n'aurait jamais voulu aller.

Elle reprend ses deux dossiers de couleur rose, et nous conduit à travers un autre couloir jusqu'à une banale porte, derrière laquelle se trouvent nos filles. Elle ouvre. Nous entrons.

Je les vois, endormies. Mais nous ne pouvons les rejoindre. Une grande vitre murale nous sépare d'elles. Je m'y presse et je crie :

« Réveillez-vous, mes puces ! Réveillez-vous, il est l'heure ! »

Je les dévisage. Marion semble calme, presque dormir. Mais sans que ce soit son vrai visage de sommeil. Moi seule le connais. Et Anna ? Son visage est à moitié caché par le drap, mais je vois son côté gauche, et son grain de beauté entre les sourcils. L'expression semble plus soucieuse. Elle devient insoutenable pour la maman que je suis… C'en est trop… Mes mains glissent sur la vitre. Quelle torture de voir sans pouvoir toucher ! Plus jamais je ne pourrai les embrasser, les dorloter. Mes bébés à moi !

Je ne peux plus bouger. Je reste pétrifiée devant le visage de mes filles immobiles, elles qui riaient tout le temps. Je n'ai plus la notion du temps. À un moment donné, le médecin nous dit :

« Il faut y aller, maintenant. »

Tout le monde sort. Mais avec Erick je reste encore un instant. Combien de fois, ensemble, tous les deux, nous avons contemplé, émerveillés, les gazouillis de nos filles allongées sur leur table à langer alors que nous changions leurs couches, gigotant des pieds en tous sens, plongeant leurs yeux tout écarquillés, ouverts à la vie, dans les nôtres, buvant le monde et l'amour que nous leur donnions. Et là, ensemble tous les deux, nous les regardons figées à jamais sur leur table mortuaire, de profil, à distance, sans qu'aucun face-à-face ne nous soit plus jamais permis. Nous contemplons la froideur de la mort.

Pourquoi ont-ils fait ça, ces salauds ? Mes deux avenirs, mes deux vies, mortes, là, devant moi. Impuissante, je ne peux que pleurer et crier :

« Mon Dieu, mon Dieu, pourquoi les filles ? Elles n'ont rien fait de mal, elles ne demandaient qu'à vivre ! »

Tout est fini. Notre vie est finie. Elles étaient ma joie, mon bonheur, ma raison de vivre, mon tout.

Allez, il faut bien partir quand même. Rejoindre le monde des « vivants ». Derrière cette vitre glacée, nos filles ne nous appartiennent déjà plus. Elles vont être ramenées dans la chambre froide, rejoindre leur monde : les autres victimes de ce désastre.

Erick me prend par l'épaule et nous sortons dans le couloir. Le médecin légiste nous raccompagne vers l'entrée. Elle nous souhaite bon courage et nous quitte. Il n'y a plus personne et la nuit s'est définitivement installée sur la ville et dans nos cœurs.

Dernière maison

> Erick

D'où vient ce besoin de préparer un nid douillet pour le bébé à venir ? Quel instinct pousse une maman à mettre la maison en ordre alors que l'échéance de la naissance approche ? à peindre la chambre ? à préparer le berceau ? à ranger soigneusement les vêtements les plus chauds, les plus doux ? à installer une lumière tamisée ? Sûrement pas le caprice. Mais la volonté de protéger l'être le plus vulnérable et le plus dépendant qui soit de la morsure du froid, des épines, des pierres, d'un monde bien cruel. Après le moment si douloureux de la naissance, lui faire connaître la paix, l'harmonie, la douceur.

Et je suis le témoin du même besoin, alors que nous nous trouvons aux pompes funèbres.

« N'est-il pas possible de les mettre dans le même cercueil, comme elles étaient dans la même chambre, alors qu'elles étaient petites ?

– Non, madame, ce n'est pas possible, les délais sont trop courts.

– Bon… Alors au moins des cercueils tout blancs ?…

– Oui, cela est tout à fait possible, madame.

– D'un blanc immaculé ?

– Oui, madame.

– Et capitonnés.

– Oui, madame. »

Et ainsi fut fait.

Quelques jours plus tôt, nous avions dû revenir à Paris, passer au 36 quai des Orfèvres récupérer les effets personnels trouvés sur elles et mis en dépôt à la police, et vider le studio de Marion.

Au 36, on avait remis à Sylvie deux sacs plastiques. Du premier, l'agent avait sorti bracelets, élastiques pour cheveux, portefeuille, calepin, barrettes, bagues, téléphone, clés… Tout plein de petits riens de Marion, là, épars, à l'image de nos vies éparpillées en morceaux. Mais pas son sac à main.

« Impossible, madame, lui avait-on dit. Je n'en ai pas le droit. Il est taché de sang, avec des partitions dedans… »

Du second, il avait sorti le portefeuille d'Anna, un petit livre noir dans lequel elle écrivait ses impressions du moment, une lettre, deux téléphones – bizarre, elle n'en avait qu'un… –, des crayons, son paquet de tabac.

« Et pour les vêtements ?

– Impossible, madame, Je n'en ai pas le droit non plus. Ils sont tachés et… »

Il s'était retenu d'en dire plus. Mais il était facile de deviner, aux descriptions faites par le médecin légiste, qu'ils devaient être déchiquetés…

Aussitôt dans la voiture, Sylvie avait sorti les petits sacs en papier contenant les bijoux, les avait tous mis sur elle… bagues, bracelets… et même une barrette, comme si elle en avait eu besoin avec ses cheveux très courts, comme mue par la nécessité de porter nos filles sur elle…

Avec les clés du studio récupérées, nous avons pu nous y rendre. Dès la porte ouverte, nous nous sommes sentis comme des intrus dans la vie de nos filles, à entrer ainsi sans elles, sans y être invités. Le temps des bébés était passé. Le temps de l'enfance aussi, où l'on peut dire : « Range ta chambre, fais ton lit… » Là, sous nos yeux, le temps s'était figé. Tout était resté tel quel, comme elles l'avaient laissé en quittant le studio pour un bon moment à passer ensemble, comme si elles allaient revenir d'un instant à l'autre. Tout gardait trace des multiples gestes de la vie quotidienne. Les ordinateurs étaient ouverts, ainsi que la valise rouge d'Anna, avec son appareil photo à côté. Les vêtements de jogging de Marion étaient posés là, comme après une bonne douche. Leurs deux tasses à café les attendaient sur l'évier. Nul doute, elles allaient arriver. Nul doute, nous allions entendre : « Ben, quelle surprise ?! Que faites-vous ici, papa et maman ? » Et nous nous jetterions dans les bras les uns des autres. Nul doute, nous allions sortir de ce mauvais rêve. Mais rien. Et plus nous rangions, plus le rêve s'évanouissait, plus la réalité nous rattrapait.

Nous avions loué meublé, Marion ne devant y rester qu'un an. Il n'y avait donc pas de grands meubles. Et comme elle avait emménagé depuis un mois et demi seulement, il n'y avait pas grand-chose : livres d'art, partitions, DVD, sa flûte, ses notes d'études, ses vêtements. Nous avons rempli les grands sacs Fnac et Ikea.

À l'extérieur, un journaliste qui nous avait appelés et à qui nous avions donné rendez-vous m'a aidé à charger la voiture pendant que Sylvie nettoyait le studio et fermait la porte là-haut. Nous lui avions demandé, et il avait accepté – ce en quoi nous lui étions reconnaissants –, de ne pas monter, pour respecter notre intimité.

« Je peux aller rendre les livres à la bibliothèque du XXe et résilier la carte d'abonnement, si vous voulez ? », me proposa-t-il. Je le remerciai, incapable que j'étais de le faire moi-même.

Quand Sylvie est descendue et que nous avons fermé la porte de l'immeuble, nous avons remarqué les notes de gentillesse punaisées sur la porte d'entrée, des petits mots écrits par les voisins.

Il nous manquait le vélo. Nous verrions plus tard, car nous n'avions plus de place dans la voiture. De retour à la maison à Monthou, nous avons déposé toutes leurs affaires dans la chambre de Marion. Celle d'Anna était un peu en bazar, elle nous avait promis de la ranger ce week-end… Qu'il est doux d'avoir un « chez soi ». On y est à l'abri des violences du monde extérieur. On y accueille ceux en qui on a confiance. Quel va être le chez soi de mes filles maintenant ? Deux cercueils blancs…

Nous voici à nouveau à Paris, à l'IML, pour la mise en bière. Treize heures quinze. Nous sommes assis sur un banc, à attendre. À quatorze heures, les pompes funèbres emmènent nos filles au funérarium de Blois. Le matin, selon les instructions de l'IML, nous avons apporté des vêtements. « Pas de pantalons, juste des robes. » Nous regardons la pendule, les minutes passent, mais personne ne vient nous chercher. Je commence à bouger. J'interroge la secrétaire qui nous a accueillis le dimanche soir. Comprenant notre panique, elle nous indique l'endroit où se trouvent nos filles. À ce même instant, un employé des pompes funèbres accourt vers nous et nous dit :

« Dépêchez-vous, l'heure tourne, nous devons partir à quatorze heures ! »

À peine le temps de dire au revoir à la secrétaire et nous voilà à dégringoler les escaliers.

« Vous n'avez plus que vingt minutes ! »

J'explose :

« Nous resterons une demi-heure, comme c'était prévu. Vous partirez plus tard. Nous, nous étions à l'heure et c'est notre dernier moment avec nos filles. »

Ils se taisent et nous laissent, refermant la porte derrière eux.

Marion et Anna gisent là, au milieu d'une grande salle blanche, dans leurs cercueils tout aussi blancs. À la vue de leurs visages, mon esprit les superpose à ceux de la dernière visite. Qu'ils ont changé ! Ils n'ont plus aucune expression. C'est bien elles, mais déjà plus elles…

« Leurs vêtements ne sont pas bien arrangés, susurre Sylvie.

– Peut-être que cela n'a pas dû être facile de les leur enfiler. »

Nous restons là, tous les quatre. Sylvie n'ose pas s'approcher, s'assied le long du mur, et les regarde dormir comme avant. N'y a-t-il rien de plus beau, pour une maman, que de regarder ses bébés dormir ? Je m'avance, caresse leurs visages, pleure comme un enfant. Nous glissons nos grands mots d'amour entre leurs mains. Et déjà deux hommes tout habillés de noir entrent, posent les toits de leur nouvelle maison, les vissent, les scellent. Une gerbe de fleurs vient couvrir chacune d'elles : « La Maire de Paris ». Sylvie arrache les rubans. Que seule la nature rende hommage à nos filles avec ses couleurs.

Pardonner l'impardonnable ?

> Erick

On a abattu nos filles dans la rue comme des chiennes. Au moins qu'elles soient enterrées dignement. À l'église. Oh ! Nous étions loin d'être des assidus de la messe dominicale. De par notre métier. Mais aussi parce que nous n'en ressentions nul besoin. Nous priions Dieu à notre manière, en voiture tous les deux, en allant au magasin. Nous priions pour les filles, pour qu'elles soient en bonne santé, pour leurs examens, leurs réussites, pour un avenir plus confortable que le nôtre, et cela nous convenait. Des hommes d'Église, je n'en attendais pas grand-chose, quoique je ne connaissais que peu de prêtres à ce moment-là. Les filles étaient baptisées, avaient fait leurs communions et, pour ces occasions, nous avions réuni toute la famille et nos amis. Après les classes maternelles et primaires, nous avions envoyé Marion et Anna en pension au collège privé Sainte-Marie de Blois, mais plus pour la qualité des études que par conviction.

Elles-mêmes n'étaient pas foncièrement croyantes. Une amie d'Anna et d'Eugénie s'était suicidée à l'âge de dix-sept ans et, depuis, Anna ne croyait plus en Dieu. Marion, quant à elle, après nous avoir reproché de l'avoir envoyée « en prison », avait évolué de manière plus paisible. Elle aimait jouer en compagnie d'un organiste dans les églises. Au cours de ses voyages, elle était attirée par ces lieux sacrés, leur architecture, leurs peintures, leurs vitraux, leur silence. Je ne sais pas si elle priait, mais elle y entrait. Et récemment, elle m'avait même demandé ma Bible. Mais qu'en avait-elle lu ?

Depuis vingt-cinq ans, de jeunes prêtres étaient arrivés sur le secteur. À Montrichard d'abord. Puis la maison-mère de ces prêtres est venue s'installer à Candé-sur-Beuvron, dans un château aménagé en séminaire. À ces prêtres de la communauté Saint-Martin, l'évêque a confié au fil des ans des paroisses tout autour : trois, puis cinq, puis dix, puis je ne sais combien encore, englobant notre petit village de huit cents habitants, couvrant un vaste ensemble de vingt-cinq mille habitants. Les uns vivaient au séminaire comme professeurs, ceux qui étaient curés et vicaires dans deux presbytères en deux points du secteur. Puis la maison de formation est partie en Mayenne, à Evron, car la communauté grandissait trop vite et le château était devenu trop petit pour les accueillir tous. Mais les curés et leurs vicaires étaient toujours là. Aux rares messes où nous allions, à Noël, aux Rameaux, nous avions remarqué leur dynamisme, sans pour autant chercher à mieux les connaître.

Or ce soir, nous avons rendez-vous avec notre curé et ses deux vicaires au presbytère de Cellettes, à dix kilomètres de la maison. Don Régis Sellier, le curé, nous accueille. La quarantaine, plutôt grand, élancé, cheveux clairs, il est flanqué de ses deux vicaires plus en retrait, Don Louis-Marie, tout jeune prêtre, cheveux châtains et longue mèche barrant le front, et Don Martin-Jacques, la trentaine, l'air plus sévère, cheveux noirs comme geai. Un point commun entre ces trois prêtres : leur soutane et le liseré blanc de leur col. L'évêque est là aussi, Mgr Jean-Pierre Batut.

C'est lui qui présidera les obsèques, et à la cathédrale. Ne les faut-il pas à la hauteur de la vague d'émotion qui traverse la France ? Nos filles ne nous appartiennent plus. Et nous avons l'impression de ne plus nous appartenir non plus. Il est question de l'affluence, des journalistes, de sécurité… La minuscule église de Monthou où nous nous sommes mariés, voilà vingt-sept ans, ne saurait convenir, même si ses pierres ont été les témoins des joies et des peines de ma famille.

Nous ne pleurons pas. Nous écoutons. Comme si on était en train de parler d'autres personnes. Comme si cela ne nous concernait pas.

« Écoutez, dit finalement Sylvie. On vous fait confiance pour le choix des textes et l'organisation de la messe. Nous, nous en sommes incapables. Nous n'avons ni l'expertise ni la force pour nous en occuper. Je voudrais juste un petit orchestre avec flûte et clarinette. La flûte pour Marion qui en avait fait son métier, la clarinette pour Anna qui en avait joué jusqu'à la terminale. Eugénie, une amie des filles, s'en chargera.

– Et pour les journalistes, nous n'en voulons aucun dans l'église », ajoutai-je.

Je sentais bien que ces prêtres cherchaient à nous réconforter aussi, à nous insuffler une espérance. Mais rien ne pouvait nous atteindre. J'étais sensible aux attitudes, aux gestes, bien plus qu'aux paroles. Or l'évêque me paraissait distant, professoral, doctrinal. À un moment donné – comment cela est-il arrivé, je ne me le rappelle plus – la conversation a glissé sur le pardon :

« Vous allez avoir à avancer sur un chemin de pardon…

– Jamais, monseigneur ! ai-je clamé, hors de mes gonds. Comment pouvez-vous dire ça ! C'est facile pour vous. Ce n'est pas vous qui êtes touché dans votre chair ! Vous ne pouvez pas comprendre !

– La vie ne peut surgir de la mort que si vous pardonnez…

– Tout ce que méritent ces hommes qui ont assassiné nos filles, c'est la mort, et d'aller en enfer…

– Je ne dis pas que nous sommes capables de pardonner, mais qu'il faut le demander à Dieu, qu'il faut vouloir entrer sur ce chemin…

– Écoutez, vous êtes bien gentils, mais à autres de vous entendre sur ce sujet, s'ils le veulent bien. Nous, c'est non. Impossible ! Et pourtant, impossible n'est pas Pétard, je peux vous le dire… »

Et nous sommes repartis chez nous, tristes et amers, Sylvie gardant en main le livret du déroulement des obsèques que lui avait remis un des prêtres, « à lire quand vous vous sentirez capables de l'ouvrir ».

> Sylvie

À la maison, le défilé d'amis continue, sans trêve. Les proches se rendent à la chambre funéraire. Triste moment que de recevoir tous ces gens. Et le lundi des funérailles arrive.

Il est huit heures trente. Nous partons avec Corine et Jean, accompagnés de nos amis et cousins, pour la chambre funéraire. De là, nous suivons les deux convois jusqu'à la cathédrale. Du monde grouille tout autour du parvis, derrière les grilles de sécurité. Six cents personnes à l'extérieur, mille trois cents à l'intérieur, apprendrons-nous plus tard. Nous nous garons sur la place de parking qui nous est réservée et nous sortons des voitures. Je sens tous ces visages braqués sur nous. Compassion ? Curiosité ? Un peu des deux peut-être. Je ne sais. Mais je ne vois personne, seulement les deux cercueils devant mes yeux embués. Je visualise mes deux trésors à l'intérieur, leurs deux visages figés, inexpressifs.

L'évêque nous fait signe de nous placer derrière les filles, et nous avançons tout doucement, comme pour un cortège de mariage qui n'en est pas un. Chaque cercueil blanc est porté par quatre hommes en noir, et nous entrons dans l'église, l'évêque en tête, puis les prêtres, suivis des filles, et enfin nous.

La cathédrale est bondée. D'un côté la famille et les amis, de l'autre les élus, les amis et les gens de connaissance. Pour ceux restés à l'extérieur, un haut-parleur a été installé.

De chaque côté de l'autel, deux immenses photos d'Anna et Marion nous font face. Elles sont magnifiques. Marion, sur un bateau, nous regarde de son sourire taquin. Anna, toute bronzée, pose en haut de la colline surplombant Barcelone. Elle vient tout juste de se retourner et sourit à Fanny. Sous chacune, Eugénie, aidée de Denis, un ami, a inscrit leurs prénoms, Marion avec une partition et Anna dans une typographie qu'elle appréciait.

Don Régis nous invite à nous avancer devant nos deux filles. Nous nous signons et déposons une belle grande rose blanche. Puis nous nous installons à nos places, au premier rang, devant l'autel, et la célébration commence.

Eugénie a réussi à constituer un quatuor. Jean-Marie, ancien professeur de clarinette d'Anna et ami de Marion à l'école de musique de Contres – un village voisin –, et depuis musicien au service des pompiers de Paris, a spontanément dit oui, entraînant trois amis avec lui. Lorsque le quatuor se mettait à jouer, flûte et clarinette se mélangeaient, se répondaient, à l'image du lien qui unissait nos deux filles. La musique était douce, douce comme elles deux, et j'aurais voulu qu'elle ne s'arrête jamais. Elle nous enveloppait de ses volutes. Réverbérée de toute part, elle sortait des murs.

J'écoute l'homélie de Mgr Batut, mais sans pouvoir la suivre de bout en bout. Je ne capte que des bribes, ici ou là. Et leur écho en moi m'empêche d'entendre la suite. Et je passe ainsi, de proche en proche, d'une bribe qui me heurte à une autre qui me blesse.

« Une prière qui chercherait à éliminer ceux qui nous dérangent, ne serait qu'une caricature de prière. Elle n'aurait aucune chance d'être exaucée. » Ah oui ? Et alors, ces terroristes, n'ont-ils pas prié pour éliminer ceux qui les dérangeaient ? et n'y sont-ils pas arrivés ?

« Notre âme ou notre conscience (appelons-la comme on veut) nous pousse à l'amour de Dieu et du prochain. » Pas pour tout le monde, monseigneur, oh non ! Pas pour tout le monde. Regardez ces tueurs…

« Perdre son âme est bien pire que de perdre son corps. » Anna et Marion ne demandaient qu'à vivre, en âme, en conscience et en corps.

« Un signe que nous n'avons pas perdu notre âme, c'est que nous demanderons pardon non seulement pour nous, mais aussi pour ceux qui nous veulent du mal. » Et là, je sens Erick qui se crispe à mes côtés.

Pour qui parlez-vous, monseigneur ? Pour un public bien affalé dans son fauteuil ? ou pour nous qui souffrons dans notre âme ?

Dieu, lui, a-t-il entendu nos cris ? À la fin de la célébration, alors que l'évêque invite Dieu à recevoir les filles dans sa maison, deux superbes rayons de soleil transpercent les vitraux et illuminent chacun des deux cercueils. Pas moins, ni plus, que deux. Pas à côté, mais dessus. Comme un baume sur mon cœur.

Au cimetière, Don Louis-Marie nous attendait, ainsi que le maire de notre petite commune, tous nos proches, amis et cousins. Quelques amis de Marion et Anna vinrent nous rejoindre, sans oublier Eugénie et Fanny. Les quatre grands-parents sont assis sur des chaises. Les discours commencent. Le prêtre et le maire, très touchants, Charles, un ami de Marion, puis Fanny, l'amie espagnole d'Anna, dans sa langue. Je sentais leur immense tristesse. Eugénie distribua des roses blanches. Et, un à un, chacun passa devant les filles pour leur dire au revoir.

Et voilà… Ils descendirent les cercueils, tout doucement, cimentèrent, placèrent une grande plaque dessus en attendant la pierre tombale, vite recouverte de fleurs, gerbes, compositions blanches et colorées. Bientôt on ne vit plus rien qu'un jardin. D'ailleurs, dorénavant, ce sera le nôtre, mes filles, le lieu de notre rendez-vous quotidien. Je l'appellerai *la maison des filles* et non le cimetière.

Voilà qu'un couple s'approche de nous. Il s'agit des parents d'Aurélie, une amie d'Anna, et de Marion naturellement, car qui est amie de l'une l'est de l'autre, qui se trouvaient avec elles ce soir-là. Ils confirment ce que le médecin légiste nous a dit : elles n'ont pas souffert. Et ils transmettent ce qu'Aurélie leur a raconté. Elles étaient à la terrasse du *Carillon*, tranquilles, savourant ce bon moment de retrouvailles toutes les trois. Avant de partir, les filles sont allées aux toilettes, ensemble, bien sûr, et ont payé leurs consommations. Aurélie les attendait dehors, contre un des piliers de trottoir. Soudain, elle a vu un homme débarquer dans la rue, comme ça, avec une kalachnikov. Le temps qu'elle réalise, le gars lui tirait dessus. Aurélie tombe, rampe pour se cacher derrière une voiture. Mais l'animal la voit faire, la suit des yeux et tire à nouveau. Et par malheur, les filles sont sorties à ce moment-là, insouciantes, pour rejoindre leur amie. Arrivées sur le seuil, elles ont été fauchées ensemble. Aurélie a tout vu, impuissante, clouée au sol, dans l'incapacité de crier à cause de ses blessures à la mâchoire et aux jambes ! Aucun de ses organes vitaux n'a été touché. Mais, malgré tout, elle est très abîmée. Huit balles en tout.

Ah ?! Et *si* les filles étaient restées aux toilettes quelques minutes de plus… Ou *si* elles étaient parties quelques minutes plus tôt. Mais avec des si on mettrait Paris en bouteille. Avec des si, il n'y aurait pas eu un tel massacre. Mais impossible de revenir en arrière, même si « impossible n'est pas Pétard », comme dit si souvent Erick. Et impossible de pardonner, monseigneur. Ni Erick, ni moi.

Faire vivre la mémoire

> Sylvie

Depuis ce 13 novembre, nous sommes envahis de petits cadeaux, de cartes, de lettres d'amis, de connaissances, de personnes anonymes qui nous envoient des poèmes d'amour et de réconfort de toute la France, des États-Unis, du Canada, d'Australie et même de Chine. Plusieurs milliers.

Les gens, très touchés par notre histoire, nous le disent, nous l'écrivent, très simplement. Certains ne laissent aucune adresse, volontairement de toute évidence, pour que nous ne nous sentions pas obligés de répondre. Leur acte est gratuit. Mais parfois, avec l'adresse et au ton de la lettre, nous nous demandons s'ils veulent vraiment nous consoler, s'ils compatissent vraiment, ou s'ils ne veulent pas juste se décharger sur nous de leur chagrin. L'être humain est si complexe.

Comment se comporter avec une personne en deuil? Comment compatir? Que dire? Comment le dire? Tout le monde n'a pas la sensibilité qu'il faut. Nous en faisons les frais. Il y a les phrases toutes faites, mais qui ne portent pas à conséquence : « toutes mes condoléances », « de tout cœur avec vous », « notre peine n'est rien à côté de la vôtre ». Mais certaines personnes, tout en voulant notre bien, tout en faisant de leur mieux, ne se rendent pas compte de la violence de leurs paroles : « Il faut tourner la page, penser que vos filles ont croqué la vie à pleines dents ! » « C'est triste, mais vous n'avez plus à vous soucier pour elles. » « Elles étaient au mauvais endroit, à la mauvaise heure, c'est tout. » « Passé l'hiver, ça ira mieux. » On nous presse, on nous pousse. « Allez, il ne faut pas se complaire dans la souffrance. » « Reprenez le travail, et tout ira mieux ! » Ou bien, au contraire, on nous évite, on change de trottoir pour ne pas avoir à nous parler. Ou encore, on nous demande « Comment allez-vous ? » comme si on pouvait aller bien.

Nous sentons bien que tous ces gens se trouvent démunis devant notre souffrance et plongés dans leur propre angoisse de la mort, ce qui les fait déraper dans leurs propos. Comme ce jour où une amie nous a dit : « Heureusement, nous, à la campagne, nous sommes tranquilles… » Elle ne pensait pas à nous mais à elle, aux siens, à ce qui aurait pu leur arriver, sans se rendre compte qu'Erick et moi habitions aussi à la campagne et que cela n'avait rien empêché !

Il nous faut aussi gérer l'attente des journalistes, des autorités, de la nation même ! On veut nous honorer, rendre hommage aux filles, et cette sollicitude nous touche tout en étant parfois un fardeau. Quelques jours après l'enterrement, nous recevons ainsi un appel téléphonique de la mairie de Paris, nous conviant à l'hommage national qui doit être rendu aux victimes lors d'une cérémonie dans la cour d'honneur de l'hôtel des Invalides le 27 novembre. Nous refusons de nous y rendre, ne nous sentant absolument pas capables de supporter l'ajout à notre propre tristesse de celle d'autres familles. Le visionnage de l'hommage sur Youtube nous a confortés dans le choix que nous avions posé. D'autres familles que nous n'avaient pas voulu venir à cette « messe républicaine », tenant le gouvernement en partie responsable de cette tragédie. Les paroles pathétiques de François Hollande nous étaient insupportables : « Cent trente noms, cent trente vies arrachées, cent trente destins fauchés, cent trente rires que l'on n'entendra plus, cent trente voix qui à jamais se sont tues. » Je suis habitée de mille sentiments contradictoires. Je pleure en entendant *Quand on n'a que l'amour* de Jacques Brel ou encore *Perlimpinpin* de Barbara. Je me sens si impuissante, si désespérée. Car, quand on n'a pour arme que l'amour… on risque de tout perdre. Et quand on prie pour que se taise la violence, l'assassin en rit. Je voudrais remercier qu'on rende ainsi hommage et je ne le peux pas. Tout miel que l'on me présente, je le tourne en fiel. Lorsque la litanie des noms défile, avec, parmi eux, ceux de Marion et Anna, j'ai l'impression de les voir jetés en pâture aux lions, à tous ces politiciens qui se repaissent du malheur des autres. Je leur en veux à l'infini. Erick, lui, n'y va pas par quatre chemins : il hait ces beaux parleurs.

Les hommages rendus localement sonnent plus justes pour nous. Toute initiative qui peut concerner les filles, nous l'acceptons. Un dessin de Ganaesh, réalisé par Anna, est imprimé sur des flyers à l'issue du carnaval de Blois. À Chailles, le club de sport court la 33e édition du Macadam blésois avec sur le dos une photo d'elles.

Une des actions qui nous a le plus touchés a été lorsque le maire de notre commune, Michel Darnis, nous a proposé de nommer la future école maternelle Marion-et-Anna. « On a d'abord pensé à rebaptiser une rue en hommage aux filles. Et puis l'idée de donner leurs noms à l'école a été votée à l'unanimité par le conseil municipal. Seriez-vous d'accord ? » Et nous avons dit oui. Nous trouvions que c'était une belle décision, d'autant que les filles aimaient l'école, surtout Marion, qui avait enseigné à l'école de musique de Beaugency, qui adorait le contact avec les élèves et transmettre sa passion. Le 16 janvier, deux mois seulement après l'attentat, le maire a annoncé publiquement la nouvelle lors de la pose de la première pierre. Malgré sa faiblesse, mon vieux beau-père, Odet, a tenu à se déplacer. Joie et peine se mêlaient dans le cœur et sur les joues de l'ancien conseiller municipal. Joie de voir une nouvelle école dans son cher village, douleur qu'elle lui rappelle ses deux uniques petites-filles.

Absents lors de la pose de la première pierre, nous sommes en revanche bien là, Erick et moi, lors de l'inauguration neuf mois plus tard, le temps d'une gestation… Elle a lieu le samedi 25 septembre. Le village est présent, ainsi que les élus locaux, et le très apprécié préfet Yves Le Breton, qui nous a tant aidés dans nos démarches administratives si difficiles. Après les discours des uns et des autres, je prends mon courage à deux mains pour prononcer quelques mots pour nos filles. Je n'en avais rien dit à Erick. Il est fier et ému de me voir ainsi prendre la parole.

On apprend plus tard que le président François Hollande a passé ce week-end-là chez l'acteur Fabrice Luchini à Chambon-sur-Cisse, à quelques kilomètres de Blois, au nord de la Loire, en revenant du congrès national des pompiers à Tours. Mais personne, semble-t-il, ne lui a parlé de Monthou-sur-Bièvre, pas plus éloigné de Blois que Chambon, même si c'est sur la rive sud. Personne ne lui a évoqué l'inauguration de la nouvelle école, du nom qui lui est donné. Ou si tel a été le cas, il n'en a pas tenu compte. Volontairement ou non, nous sommes bien les oubliés de nos gouvernants, et ce n'est pas la création de la médaille nationale de reconnaissance aux victimes du terrorisme qui nous fait penser le contraire.

Déjà, elle n'est pas donnée d'office alors que l'État pourrait le faire, ayant lui-même déterminé la liste des personnes habilitées à la recevoir : les personnes déclarées victimes du terrorisme par le parquet de Paris, celles bénéficiant du fonds de garantie aux victimes, et celles figurant sur la liste tenue par le ministère de la Justice. Mais non, on vit dans un pays où il faut demander ce à quoi on a droit. Dans cette affaire, l'État met donc les familles dans une position de quémandeuses, leur ôtant toute dignité. Mais plus encore, comme toute médaille, elle n'est pas tant une marque d'estime que de soumission. « C'est avec des hochets que l'on mène les hommes », aurait dit Napoléon Ier, le créateur de la Légion d'honneur. « C'est avec des hochets que l'on fait taire toute protestation », pourrait-on dire de cette nouvelle médaille. Enfin, je ne vois nulle gloire qu'on puisse en tirer. Quand bien même les filles la recevraient à titre posthume, ou Erick, ou moi, je ne me vois pas la mettre sur la cheminée, ni l'encadrer, et encore moins parader avec, suscitant autour de moi curiosité et pitié.

En créant une telle médaille, M. le Président s'est peut-être senti quitte à peu de frais. Mais nous sommes fatigués d'un État qui ne cherche qu'à honorer les morts sans faire son possible pour préserver les vivants. Comme lorsque le premier anniversaire des attentats arrive. Nous recevons peu avant un appel de la mairie de Paris. Cette fois-ci nous sommes invités à un déploiement de six plaques commémoratives aux terrasses, au *Bataclan*, au Stade de France. François Hollande et Anne Hidalgo seront présents. Encore une cérémonie. Ne savent-ils faire que cela ? Quand le mal est fait, c'est trop facile… Nous demandons simplement que les prénoms des filles soient ensemble. Après, que nous soyons présents ou non, cela ne changerait pas grand-chose. Là encore, nous n'avions pas envie de serrer la main de tous ces politiciens. Ils compatissent, nous pleurons.

La plaque sera finalement fixée à trois mètres du sol, si bien que personne ne la voit en passant, et sera ainsi rédigée :

En mémoire des victimes blessées
et assassinées des attentats du
13 novembre 2015
Aux 13 vies fauchées en ces lieux

Alva Berglund. Chloé Boissinot. Asta Diakité.
Nohemi Gonzalez. Raphaël Hilz. Mohamed Amine Ibnolmobarak.
Charlotte et Émilie Meaud. Justine Moulin.
Marion et Anna Pétard-Lieffrig. Sébastien Proisy.
Stella Soanirina. Yasmine Verry.

Dans le domaine des plaques aussi, nous nous sentons plus entourés et compris lorsque l'initiative vient de personnes ayant connu les filles. Au cours de l'été 2016, la Sorbonne nous contacte pour nous proposer de poser une plaque en l'honneur de Marion et Anna. L'université a la délicatesse de penser que même si « Nana » n'a pas été étudiante à la Sorbonne, elle ne peut être séparée de sa sœur. La date de la cérémonie est fixée au 7 novembre 2016. Nous n'avons pu assister à l'hommage de la Sorbonne juste après les attentats, mais un livre hommage nous a été remis ainsi qu'aux familles des quatre autres étudiants de l'université tués.

Danielle Cohen-Levinas, professeur d'esthétique musicale et de philosophie de la musique, vient nous rendre visite. Nous nous rencontrons plusieurs fois pour discuter tout simplement de Marion, des choses de la vie, comme dans le film éponyme. Peut-être en raison de ses origines juives, ou du fait d'être la belle-fille du philosophe Emmanuel Levinas et de l'avoir étudié, je ne sais, mais cette femme s'évertue à vivre « sans pourquoi », telle la rose de Silesius, sans questionner Dieu sans cesse, lui demander raison pour tout. Elle vit chaque instant pleinement, sans revenir sur le passé, sans idéaliser l'avenir :

La rose est sans pourquoi
Fleurit parce qu'elle fleurit
Ne se soucie pas d'elle-même
Ne se demande pas si quelqu'un peut la voir

Marion vouait une profonde sympathie et admiration pour cette quinquagénaire affable, érudite, humaniste, humaine tout simplement. Elle était toujours heureuse d'assister à ses cours. Et je la comprends. Alors qu'elle traversait une période de vague à l'âme, à quitter la couleur de Barcelone pour le gris de Paris, la joie catalane pour la tristesse parisienne, ce professeur lui avait redonné plein d'espoir en l'avenir ; et quelques semaines après son retour, elle s'était sentie mieux, ayant retrouvé ses amis, ses repères, ainsi qu'un charmant petit studio.

« Elle était comme ça, Marion : vive, enthousiaste, généreuse, rapide ; si rapide qu'elle prenait parfois de court son professeur. À peine une idée lui était-elle suggérée qu'elle trouvait immédiatement les modalités d'application. Mais si, comme le pensait Marion, la musique ou l'opéra, comme dans la tragédie grecque, peuvent représenter le mal et, le faisant, nous en prévenir un peu, ils ne nous protègent pas, hélas, de la barbarie humaine. » Ainsi s'était exprimée Danielle Cohen-Levinas le 26 novembre 2015, dans l'amphithéâtre Richelieu de la Sorbonne, à la cérémonie rendant hommage aux cinq étudiants de l'université tués dans les attentats.

Pour cette plaque exclusivement dédiée à Marion et Anna, qui doit être posée un an après au Centre de Clignancourt de l'université Paris-Sorbonne, son professeur nous présente le texte pour en discuter et l'approuver. Nous tombons d'accord sur cette formulation :

> « Parmi les victimes des attentats de Paris, du 13 novembre 2015, se trouvaient Marion Pétard-Lieffrig, étudiante en master de musicologie à l'université de Paris Sorbonne, et sa sœur Anna, graphiste à la mairie de Barcelone. Le destin a interrompu deux jeunesses lumineuses et fusionnelles qui portaient en elles l'espoir de l'avenir. Ce lieu gardera à tout jamais la trace indélébile de leur grâce, de leur intelligence et de leur passion de vivre et de transmettre, par-delà les différences de langues, de cultures et de civilisations. »

Le matin de la cérémonie à Paris, voir tous ces étudiants en sciences humaines, langues et musicologie entrer, sortir, circuler, bavarder nous serre le cœur. Ce site universitaire entièrement reconstruit, lumineux, moderne aurait dû continuer à être le lieu de Marion, dans cette vie trépidante faite de travail et de rencontres. Danielle Cohen-Levinas nous attend. Elle nous présente aux diverses personnalités qui l'entourent. Nous en connaissons quelques-unes, venues nous rencontrer chez nous, pour nous connaître et nous parler de l'hommage prévu. On nous mène vers l'auditorium. Sur le fond blanc ou gris clair des murs se détache une signalétique colorée, déclinée à partir du jaune, en référence à la teinte jonquille de la toge universitaire des arts, des lettres et de la philosophie. Le bleu, le vert, le mauve, l'orangé côtoient le jaune, discrètement plus présent que les autres teintes, les mettant en valeur plutôt que de leur faire ombrage. Qu'on est loin de la barbarie ! Dans l'auditorium, les mêmes couleurs vives parsemées dans le hall et les couloirs éclatent des cinq cents chaises malgré que les professeurs et étudiants les occupent.

Un concert débute la cérémonie rendant hommage aux filles et à un autre étudiant en ethnomusicologie, Kheireddine Sahbi. Suivent les allocutions du président et de Danielle Cohen-Levinas. Nous nous rendons ensuite dans la salle de musique où la plaque doit être dévoilée. Un trop-plein d'émotion me submerge au moment d'enlever le drap. Erick le fait pour nous deux.

Que de moments difficiles, irréels, nous vivons depuis une année ! « Tu la voyais pas comme ça ta vie », chantait Alain Souchon. Non, nous ne l'avions pas imaginée ainsi.

Trop longue et fastidieuse serait la liste des hommages reçus, des invitations à des conventions, des concerts.

Toujours se mêlaient la reconnaissance et un goût de cendres. Aucune commémoration ne pouvait nous rendre nos filles. Aucune institution ne pouvait nous consoler. On nous disait « il faut faire vivre leur mémoire », mais nous ne savons que trop qu'un jour ou l'autre tout retourne à l'oubli.

La fin d'une vie de labeur

> Erick

La vie continue, comme on dit. On n'arrête pas comme cela six ans de boucherie à Paris, suivis de vingt-deux ans sur les marchés autour de Pontlevoy, suivis de dix ans à Chailles, surtout quand on n'a pas encore de repreneur.

Deux semaines ne s'étaient pas encore écoulées depuis les attentats que nous décidions de rouvrir la boucherie-charcuterie et d'être présents pour nos clients pour les fêtes de fin d'année. Le 2 décembre, nous étions sur le pont, Sylvie au labo de charcuterie, moi à l'étal. Des montagnes de fleurs fleurissaient encore l'entrée. Durant tout ce temps où la boutique était fermée, nous avions tenu à laisser un mot sur la porte, pour remercier les uns et les autres de leur soutien dans cette épreuve. Certains avaient vu grandir les filles.

Les fêtes approchaient et nous devions tenir le coup. J'arrivais à sauver la face devant les clients. Je discutais, servais, l'air de rien. Pour certains, Noël était synonyme de corvée, d'obligation, de faux sourires, de surenchère de cadeaux, de maîtrise de soi pour éviter les disputes. Mais pour de nombreux autres, venus commander qui une dinde, qui un chapon, qui un repas de réveillon, Noël et le jour de l'an signifiaient des retrouvailles familiales, l'arrivée des enfants et des petits-enfants, les rires et la joie. Ce qui nous avait été d'un coup enlevé. Nous aurions un jour de l'an sans gui accroché au lustre. En apparence, rien n'avait changé au travail, mais en réalité un ressort était cassé en nous. L'envie, la volonté, la concentration et le courage n'étaient plus au rendez-vous.

Là-dessus, le 8 juillet, mon père décède dans son lit. La veille, Sylvie l'a trouvé assis près de la fenêtre de son salon, regardant de ses yeux si doux, rougis de pleurs, les photos de nos filles en communiantes. D'une voix chevrotante, entrecoupée de sanglots, il lui avait dit ces quelques mots, comme lancés à l'aveuglette : « Je vais aller rejoindre mes petites-filles. Pourquoi ? Pourquoi ? » Et le lendemain, il ne s'était pas réveillé. Ainsi s'en est allé un homme usé par le labeur, par la vie, fatigué d'avoir tant pleuré. Le fil qui le retenait en ce monde s'est rompu, incapable de résister à l'effilochage des derniers mois. Quatre jours plus tard, il se retrouvait aux côtés des filles, dans « leur jardin ».

Pour ses obsèques, nous avons proposé à Don Louis-Marie de faire entendre de la musique classique. Mon père aimait tant écouter les filles jouer de leurs instruments. À la fin de la messe, pendant que le village bénissait son corps, la musique a donc résonné dans la petite église montholienne. Sylvie gardait les yeux fermés. Après la célébration, elle m'a dit que c'était comme si elle avait eu Anna et Marion devant elle, jouant pour leur grand-père.

Les mois ont ainsi filé, sans que le travail noie notre chagrin. L'été était bien avancé avec du travail à n'en plus finir, comme si les clients ne voulaient pas nous laisser sans rien faire, pour ne pas ressasser notre malheur. Certains nous disaient : « Il faut travailler pour éviter de trop penser. » Mais cela ne marchait pas. Nos têtes étaient constamment vides et pleines à la fois. Le 15 août, j'ai finalement lâché à Sylvie :

« On ferme. Nous sommes fatigués. Et si personne ne se présente pour reprendre notre affaire, nous fermerons définitivement. »

En effet, pour qui étions-nous en train de travailler désormais ? Pas pour nos filles. Pas pour l'avenir. Nous avions suffisamment donné pendant trente ans. Comme je le dis souvent, « nous vendions notre travail », pas dans le sens de l'artiste qui saurait se vendre, présenter ses œuvres, être rémunéré à la hauteur de ses talents, mais dans le sens de l'âne bâté qui ne reçoit qu'une maigre ration en échange de son travail de somme. Que d'heures de travail dont les fruits partaient remplir les caisses d'obscurs organismes étatiques, que d'heures perdues à remplir de la paperasserie. En arrêtant, nous ne serions plus redevables à l'URSSAF, aux impôts, à toute cette pléthore d'organismes qui nous pompent, nous ponctionnent, non pas tant pour faire fonctionner l'État régalien que l'État providence.

Nos clients ont compris notre décision, malgré l'inquiétude qui les habitait qu'aucun repreneur ne se présente. Mais un mois après la fermeture, un boucher expérimenté et plein d'idées s'est montré intéressé, à la seule condition que nous ouvrions encore deux mois, le temps des formalités. Dans le petit village de Tauxigny, en Touraine, où il avait exercé à son compte, il avait eu une clientèle fidèle mais insuffisante, si bien qu'il avait été obligé de fermer et était devenu salarié près d'Orléans. Mais l'envie de se remettre à son compte n'avait pas quitté cet homme approchant la cinquantaine. Avec Sylvie, nous n'avons pas hésité une seconde et sommes repartis au turbin pour les quelques semaines de travail supplémentaires qu'il demandait. Le 13 décembre, l'acte de vente était signé. La vie de commerçant s'achevait définitivement pour nous. Mais sans nos filles. Le combat pour gagner notre vie, nourrir et élever notre famille était bel et bien terminé.

Absentes et présentes

> Sylvie

Au cours de cette première année sans les filles, je ne sais quelle force nous maintenait debout. Quelle tristesse était la nôtre alors que le monde tournait autour de nous ! Nos amis et les cousins d'Erick sont là et nous font redresser la tête. Nous acceptons toutes les rencontres, car malgré tout nous savons qu'il ne faut pas rester seuls, et leur compagnie nous est agréable. Mais je culpabilise après coup si j'ai un tant soit peu oublié les filles.

Chaque jour avec Erick nous allons les embrasser à leur maison céleste. Durant nos derniers mois de travail, nous partions nous recueillir à la pause du déjeuner. Mais depuis, je m'y rends le plus possible à pied. Le chemin n'est long que de deux kilomètres. Alors que je longe des bosquets, des champs, des vignes, je sens sur mes joues le vent, le froid, le soleil, la pluie. L'hiver les ceps de cabernet et de gamay, d'arbois et de sauvignon, sont comme morts. Mais je les sais n'être qu'endormis. Ils ont porté des grappes et ils en porteront à nouveau, tel ce vieux cépage dénommé côt, avec ses baies de taille moyenne à la chair fondante, juteuse et sucrée. Au printemps, lorsque les premiers bourgeons apparaissent, tous les espoirs sont permis. Et, dans le même temps, on craint la soudaine catastrophe! le gel sournois qui tue tout ce qui est frêle et tendre, toute promesse de vie! Tant que les saints de glace ne sont pas passés, tout danger n'est pas écarté... Après, comme dit le dicton : « Quand la Saint-Urbain est passée, le vigneron est rassuré. » Mais moi, quand le serai-je? Est-il possible que je puisse revivre un jour? Et pour porter quels fruits? Au rythme de la marche cependant, je me libère du stress. Je respire la nature. À chaque foulée, je me sens attirée par la maison des filles comme par un aimant. Je m'empresse.

Là, juste avant d'entrer dans le village et le monde des humains, adossé aux premières maisons mais tourné vers l'infini de la nature d'où viennent mes pas, se trouve le cimetière. Mais ce mot, je ne l'emploie guère tant il est violent, si proche phonétiquement du cimeterre. De cimetière, disons qu'il n'y en a point, plutôt un jardin, heureux mélange d'ordre et de désordre. À l'ordonnancement rectiligne des allées répondent des tombes de toutes tailles, formes, époques, facture. Les ifs monumentaux taillés à la française – les jardins du val de Loire ne sont pas loin – ne donnent aucune prise aux saisons. Leur font écho les fleurs éparses sur les tombes et qui se fanent au fur et à mesure que l'année s'écoule, que le 2-Novembre avec son lot de chrysanthèmes s'éloigne. Mais la maison des filles est fournie, des gens continuant à y apporter des fleurs, avec ou sans carte qu'importe. Mais je ne me leurre pas. Un jour viendra où je serai la seule à leur être fidèle, par amour bien plus que par devoir. Je veux que leur maison soit jolie, à leur image. Une manière pour moi de continuer ma vie de maman jusqu'à mon dernier souffle.

Postée devant leur maison, je leur dis « coucou, mes puces ». Mais je parle peu. C'est inévitable, je les vois faire dodo. Je regarde, j'écoute. Les filles adoraient la ville, le bruit, les rencontres, le soleil. Ici elles se trouvent à la campagne, au calme. Portés par le silence du lieu, la mésange zinzinule, le pinson frigotte, le moineau pépie et le rouge-gorge émet ses trilles.

Parfois en moi se mêlent apaisement et angoisse. J'ai du mal à croire qu'elles sont dessous, et je voudrais être une petite souris pour aller les rejoindre. Leurs visages endormis me hantent. Comment sont leurs visages qui étaient si resplendissants de joie ? Sont-ils déjà un peu plus abîmés ? Puis, à nouveau, la dureté et l'opacité de la pierre me rappellent l'abîme infranchissable entre le monde des vivants et celui des morts. C'est fou, pour une maman « normale », d'avoir de telles pensées morbides ! Et je m'en retourne à la maison. Non sans garder cependant les filles avec moi.

Cela fait maintenant dix-huit mois que je n'ai plus de nouvelles des filles. Où sont-elles ? au Brésil pour Anna ? ou peut-être encore à Barcelone ? au Canada, pour Marion ?

Dans ma tête, il m'arrive de penser à leurs vies *si*… Je nous imagine, prenant l'avion pour aller les voir, maintenant que nous ne travaillons plus. Et puis soudain, plus rien, le nuage éclate devant moi. Alors je pleure.

Quelquefois, je les surprends à m'habiter, je suis trois à moi toute seule. Tous les soirs, avant de m'endormir, je leur dis « bonne nuit, mes puces », comme toutes les mamans du monde. Et elles me répondent, par ma propre voix, « bonne nuit, ma petite maman ». En me réveillant, je leur dis « coucou, mes trésors », je les embrasse, je leur parle et je ferme la porte de la chambre. Le matin, de bonne heure, je vais marcher dans la campagne et je leur dis tout ce que j'ai sur le cœur : mes colères, ce que je vais faire dans la journée, les nouvelles des uns et des autres.

Je n'ai pas de vision, pas de voix. Je n'ai aucune hallucination, ni visuelle ni auditive. Mais est-ce normal de leur parler ainsi sans relâche ? Les gens que je croise doivent penser que je suis folle à causer toute seule ! Mais peu importe, plus rien n'est grave pour moi.

Mais tout de même… on me parle d'un suivi psychologique. Je vais donc voir une psychologue. Les filles étaient ma joie, mon bonheur, ma raison de vivre, mon tout. Le choc a donc été brutal. Tous mes symptômes sont ceux d'un traumatisme psychologique, dit-on : mes insomnies, mes arrêts sur image, mes pleurs continuels, mes vertiges, mon sentiment d'impuissance totale, mes pertes de mémoire, mes cauchemars, ma phobie de la foule, des centres commerciaux, mes émotions à fleur de peau, mon état d'alerte permanent, ma perte de goût pour les petites choses de la vie, mes angoisses concernant l'avenir proche – où serai-je dans un, deux mois ? morte ? –, mon impossibilité de me détacher psychiquement de mes filles. Je veux bien reconnaître ce traumatisme. Mais au bout de six séances, j'ai l'impression d'avoir tout dit, de tourner en rond, de ne pas être comprise dans mes besoins, rejointe sur mon chemin. Et j'arrête.

Je reprends cependant quelques mois plus tard, cette fois-ci avec un psychologue désigné par le fonds de garantie des victimes. Mais un jour il me demande pourquoi je vais quotidiennement au cimetière. Je lui réponds que c'est pour moi un besoin vital. Ce à quoi il me rétorque : « Ce n'est pas la solution ! » C'est la phrase de trop. Ce que je faisais n'était peut-être pas la « solution », comme il disait. Mais y avait-il une par ailleurs ? Aucune. Et la détenait-il ? J'en doute. On n'était pas dans l'ordre d'un problème à résoudre, et pour lequel il faudrait trouver une solution. Mais dans autre chose qui me dépassait, et qui ne peut que dépasser tout être humain. Le mal gratuit. L'injustice. L'horreur. L'inacceptable. Voilà ce à quoi nous étions confrontés. Si certains pensent que la psychologie peut tout résoudre, même ça, à moi il m'a semblé que non. J'ai alors décidé que puisque je n'étais pas rejointe par les psys, je poursuivrais mon chemin sans eux. J'étais bien consciente de m'éloigner de tout ce que notre société propose, mais j'avais l'intuition que seules des réponses à ce qu'il y aurait après la mort, à la présence du mal dans le monde, influeraient sur mon stress et mon angoisse du moment, me feraient accepter la mort de mes filles, me rendraient la paix.

Qu'attendre de la justice ?

> Erick

Faire vengeance soi-même et tuer les responsables au nom de toutes les victimes n'est pas une solution. Même si mentalement elle me démangeait. Pouvait-on espérer quelque chose de la justice ? Dans un premier temps nous avons pris un avocat avec d'autres familles en vue de porter plainte contre X et de nous constituer partie civile. Notre dévolu s'est porté vers le pénaliste Me Georges Holleaux qui avait défendu des victimes du commando Argala de l'ETA. Il avait été sollicité en 1995 par Françoise Rudetzki, fondatrice de SOS-Attentats, pour défendre les victimes du Groupe islamique armé (GIA) algérien qui avait perpétré plusieurs actions terroristes en France, dont celle de la rame du RER B à la station Saint-Michel à Paris. Il avait aussi pris en charge les intérêts de plusieurs victimes des attentats du Thalys, et donc très naturellement du 13-Novembre. On voulait par ce moyen avoir accès au dossier et essayer de comprendre ce qui s'était passé. D'entrée de jeu nous avons été plongés dans le jargon judiciaire et le labyrinthe des démarches.

Par son intermédiaire, nous avons fait la connaissance au mois de mars de Cathy et Jean-Luc Vannier, les parents de Cécile, leur fille unique, tuée à l'âge de dix-sept ans lors des attentats du souk Khan al-Khalili au Caire en février 2009 qui avait visé un groupe de jeunes de Levallois-Perret en vacances. Le combat de ce couple pour la vérité et la justice nous subjugue. L'impuissance de notre système policier et judiciaire tout autant. Trois mois après l'attentat, l'Égypte dit avoir arrêté des suspects, avec parmi eux un Belge et une Française. Puis ces mêmes autorités déclarent que ces auteurs présumés projetaient un attentat contre – devinez quelle cible ? – le *Bataclan* !... Mais l'Égypte relâche les sept suspects début 2010. La Direction centrale du renseignement intérieur (DCRI) prend alors le relais, mais, faute de preuves, tous bénéficient d'un non-lieu. Depuis, Cathy et Jean-Luc se battent pour avoir accès aux notes de la DCRI, se désolent lorsque l'enquête recommence à zéro avec un nouveau juge d'instruction désigné, ne comprennent pas que l'État ne mette pas tout en œuvre pour trouver les coupables, que l'Égypte ne coopère pas.

« Le Caire, Merah, le 13 novembre, c'est la même nébuleuse terroriste. Les mêmes noms apparaissent », nous disent-ils. « Si la police, la justice, les affaires étrangères avaient priorisé ce dossier, il n'y aurait pas eu un 13-Novembre... Pour ajouter à notre malheur et à nos difficultés, ça s'est passé en dehors du sol français, il n'y a eu que notre fille à avoir perdu la vie. On a vraiment l'impression d'être seuls et qu'on fait peu de cas de notre cas. On a demandé à voir le président de la République. Rien… On ne peut rien attendre de l'État. Que serions-nous sans l'aide d'associations comme l'Association française des victimes du terrorisme, sans leur soutien psychologique et juridique ?… »

Cathy et Jean-Luc nous invitent à une conférence de presse où leurs avocats vont faire le point sur leur dossier. Ils veulent en profiter pour nous faire rencontrer Guillaume Denoix de Saint Marc, le directeur général de l'AfVT qu'il a créée en 2009, suite à la dissolution de l'association SOS Attentats en 2008 et à la survenue de l'attentat du Caire. Avant de nous y rendre, notre avocat nous prévient :

« Surtout ne posez pas de questions ! Sinon les journalistes vont vous sauter dessus ! Vous écoutez, c'est tout ! »

Ainsi fut fait. Mais cette conférence de presse nous a paru complètement irréelle, surréaliste. Comme si nous n'étions pas à notre place. Comme si nous n'étions pas concernés. Comme si les filles nous attendaient ailleurs, même si le sujet a rapidement glissé de 2009 à 2015. Avec les mêmes avocats pour les deux « affaires », la même nébuleuse terroriste à l'œuvre, pas étonnant que les journalistes se soient vite détournés du Caire pour s'intéresser à Paris. C'était plus frais, plus croustillant, plus monstrueux, plus vendeur, plus juteux. Avec Sylvie, nous bouillions sur nos chaises. Nous n'en pouvions plus. Il n'était question que du *Bataclan*, du *Bataclan*, du *Bataclan*, encore et encore. J'avais envie de me lever pour crier de ne pas oublier ceux assassinés aux terrasses des cafés, des brasseries, des restaurants ! Mais je me suis tu. Ce qui était tout pour nous n'était rien pour eux. Et puis je ne me sentais ni la force ni le courage de tous les affronter. À quoi bon… Et ainsi durèrent les deux heures d'échanges entre journalistes et avocats.

Cathy et Jean-Luc sont devenus nos amis. Mais depuis cette conférence de presse, avec Sylvie s'est posée pour nous la question de savoir si nous souhaitions vraiment cohabiter avec la justice, son jargon, ses procédures, son univers, ses méandres. Même si le travail de l'avocat devait consister à nous représenter, à travailler pour nous, nous avions le sentiment qu'il allait falloir se battre, et pour quel résultat ? Rien de toute façon qui serait équivalent aux vies de nos filles. Serait-ce démissionner de notre devoir de parents ? de citoyens ?

Rapidement, il nous apparaît que le système est gangrené. Toute velléité d'action est tuée dans l'œuf. À chaque attentat, quel que soit le gouvernement, on nous assure que la France ne cédera rien. Mais ces paroles ne sont suivies d'aucune action. Tout ce qu'on sait faire, ce sont des lois, qui de toute façon sont détricotées sitôt tricotées, qui sont même invalidées par le Conseil d'État pour atteinte aux libertés individuelles. L'État est comme ce parent qui secouerait le doigt en disant à son enfant « ce n'est pas bien, ce que tu as fait, il ne faut pas recommencer » et qui en resterait là, sans punir. Ceux qui nous veulent du mal n'en ont rien à faire de ces paroles pseudo-autoritaires. Elles glissent sur eux comme sur les plumes d'un canard. Ils se rient de nous, en profitent. Lorsqu'une punition est prévue et prononcée, elle n'est pas appliquée.

La police fait son travail en arrêtant les coupables, mais elle n'est pas suivie par la justice. Dès que l'appareil judiciaire se met en branle, les rôles sont inversés : les bourreaux deviennent des victimes à défendre, et les victimes qui demandent justice des bourreaux. Nous comprenons bien que personne ne puisse se faire justice soi-même, et la position de Me Georges Holleaux lorsqu'il nous dit que le terrorisme ne peut être combattu que par la loi, rien que par la loi, seulement la loi, au risque d'être aussi bestial que les terroristes. Mais encore faudrait-il alors que la loi aille dans le bon sens, ce qui ne nous semble pas le cas. Finalement, nous ne trouvons pas en nous le même courage et la même énergie que Cathy et Jean-Luc pour subir un tel marathon judiciaire. Et en août 2018, lorsque Me Georges Holleaux nous informera mettre fin à son activité pénale anti-terroriste, nous ne choisirons pas un nouvel avocat.

Sept mois après les attentats, le 6 juin 2016, j'écris une lettre au président de la République pour exprimer ma colère, et derrière celle-ci mon désarroi. Je dis refuser « de payer nos impôts qui serviront à défendre les assassins de nos enfants par l'intermédiaire des fonds de garantie alloués à leurs avocats, et à les entretenir ainsi que tous ces individus de cette espèce sur le sol français, notre patrie ». J'informe que la somme « sera déposée sur un compte dans l'attente d'une loi qui indemnise les familles des victimes qui subissent les pertes, les traumatismes physiques et moraux de leurs proches, morts pour rien. » Et je termine avec, en *post-scriptum*, « Marion avait voté pour vous. Nous leur avions dit "cet homme vous amènera le mal !" Nous n'avions pas cru si bien dire : vous leur avez amené la mort. »

La réponse est arrivée, quelques semaines plus tard, signée du directeur du cabinet du Président. La réponse si convenue ne pouvait que nous décevoir. Il comprenait notre douleur et la colère incommensurable qui nous assaillaient. La France n'oublierait pas Marion et Anna et leur souvenir ne s'éteindrait jamais. Elles aimaient l'art, la musique et la liberté, incarnant une harmonie que les terroristes guidés par la haine avaient voulu briser. « Croyez bien que nous utiliserons toute la puissance de l'État pour vaincre la barbarie et l'obscurantisme. » « Je tiens toutefois à vous préciser que la force d'un État démocratique réside justement dans la préservation de ses principes et de ses valeurs. C'est pourquoi il est important de donner aux terroristes les droits que prévoit notre système judiciaire, comme l'assistance et la justice objective et impartiale. C'est le travail de la justice qui permettra aux parties civiles de connaître toute la vérité. »

Il n'y avait décidément rien à attendre d'un président qui, au lieu de se conduire en chef de guerre, garde ses pieds bien au chaud dans les moelleuses pantoufles du pouvoir.

Un autre type de combat s'est présenté à nous. Au mois de mai je reçois un appel téléphonique de l'Institut national de l'audiovisuel (INA).

« L'INA est partenaire d'un programme intitulé 13-Novembre, porté notamment par le CNRS et l'Inserm. L'historien Denis Peschanski et le neuropsychologue Francis Eustache codirigent ce programme de recherche transdisciplinaire impliquant environ cent cinquante chercheurs. Il s'agit de recueillir et analyser les témoignages de mille personnes liées aux attentats du 13-Novembre. Nous ne prenons que des volontaires. Si vous acceptez, il vous sera demandé de raconter vos souvenirs à quatre reprises, en cette année 2016, en 2018, en 2021 et en 2026. Nous souhaitons étudier l'évolution des souvenirs traumatiques de victimes, de rescapés, de personnes concernées malgré elles. Trois échantillons sont en train d'être constitués. Le premier regroupe des personnes non impliquées dans cette tuerie, qui n'ont fait que regarder leur écran de télévision. Le second réunit des riverains, le service des premiers soins, les infirmiers, les pompiers. Le troisième concerne les blessés et la famille proche, directement en lien avec les victimes. À l'INA, nous sommes chargés de filmer les entretiens. Ceux-ci ne seront divulgués qu'aux chercheurs. Les guides d'entretiens ont été construits en commun par des historiens, des sociologues, des psychologues, des psychopathologues et des neuroscientifiques, afin que le matériel recueilli soit utilisable par chacune de ces disciplines. Seriez-vous d'accord pour faire partie du troisième groupe ? »

On nous vend les retombées que cette étude aurait dans le domaine des politiques pénales, des politiques de prise en charge des victimes, de gestion de crise et de pratiques mémorielles… Les entretiens filmés auront aussi une valeur patrimoniale : il s'agit également de conserver et de transmettre la mémoire des attentats du 13-Novembre. On nous vante l'engagement citoyen qu'elle représente de la part de la communauté scientifique, des professionnels en charge de la captation des entretiens, de la description documentaire, de la mise à disposition des chercheurs et de l'archivage pérenne de cette mémoire.

Nous serions dispensés du programme consistant à demander à cent quatre-vingts volontaires parmi ces mille d'être aussi suivis sur le plan biomédical, avec des IRM cérébrales à passer à la même fréquence que les entretiens filmés, ceci afin que les chercheurs puissent mieux comprendre l'impact des chocs traumatiques sur la mémoire (notamment la résurgence incontrôlable de certaines images et pensées, caractéristique de l'état de stress post-traumatique), et identifier des marqueurs cérébraux associés à la résilience.

Je demande à pouvoir en discuter avec Erick. Je suis d'abord plutôt favorable, notre témoignage ne devant pas passer à la télévision. Erick aussi. C'était juste une étude collective sur les souvenirs traumatiques qui évoluent dans les mémoires individuelles et collectives.

Erick également donne son accord. Mais rapidement il a l'impression d'être embarqué dans une aventure qu'il ne maîtrise pas, de n'être qu'un cobaye, pas un être humain. Au dernier moment, il refuse d'y participer. « Je ne me sens pas de partager mes souvenirs, d'être un objet d'études. Même si c'est en vue d'un bien. C'est trop dur. » Comme il m'est impensable de m'y rendre sans lui, nous annulons le rendez-vous prévu pour le premier entretien dans les studios de l'INA à Bry-sur-Marne.

Si notre place n'est pas dans le combat judiciaire, ni dans l'aide à la science. Si nous ne pouvons rien attendre des politiques. Si Sylvie ne se sent pas comprise ni aidée par les psys, qui viendra à notre aide ? où trouver la paix ? avec qui mener le combat pour la justice ? et avec quelles armes ?

Deuxième partie

Vers la foi

« Prends et lis »

> Sylvie

Les enfants grandissent lentement, puis soudain prennent quinze centimètres en six mois. Des personnes âgées ne vieillissent pas, puis prennent dix ans en quelques semaines. Pour moi, quand je regarde en arrière, ma vie passée, j'ai comme l'impression d'avoir avancé ainsi, à certains moments par sauts, à d'autres par paliers. Presque six ans ont passé depuis les tragiques événements, et ces années ne sont en rien comparables aux six qui les ont précédés. Alors que j'avançais sur le chemin de la vie tout tranquillement, j'ai soudain eu l'impression d'avoir chaussé des bottes de sept lieues. En remontant loin dans mes souvenirs, je pense à l'église Notre-Dame de Calais en face de laquelle je suis née. Comme si un parallèle pouvait être fait entre son histoire et la mienne. Bombardée le 23 septembre 1944, elle a été menacée de destruction totale. Une telle menace n'a-t-elle pas pesé sur moi, à ne pas supporter la perte de mes deux filles ? Petite, je jouais avec mon frère et ma sœur au milieu des blocs de pierre parsemant le sol. N'est-il pas possible de vivre au milieu d'un désastre ? Peu à peu, cette église, témoin du mariage Charles de Gaulle et d'Yvonne Vendroux, a finalement été restaurée. N'est-il pas possible de renaître de ses cendres ? Ça l'est, et en ce qui me concerne, par la foi.

Comment suis-je passée d'une chrétienne sociologique à une chrétienne pratiquante convaincue ? Comment la prière est-elle venue ? Tout doucement. Non pas incidemment mais subrepticement. Un matin, j'ai ressenti l'envie et le besoin de prier. J'écris « un matin » sans plus de précision, car peu importe quel matin. C'était le matin de Dieu, celui où j'étais prête à vraiment commencer ma route avec lui. Est-ce moi alors qui le recherchais ou lui qui n'attendait que mon appel pour y répondre ? Je ne sais. Toujours est-il que j'ai pénétré dans la chambre d'Anna pour emprunter sa Bible toute blanche, offerte au moment de sa communion. Et j'ai lu.

Bien plus tard, on m'a parlé d'une expérience similaire dans la vie spirituelle de nombreux convertis. Augustin par exemple. Le futur saint est à Milan, touché par les homélies de saint Ambroise. Mais il n'ose faire le pas dans la foi chrétienne. Il reste pris dans les rets de la chair. Un jour, dans le jardin de son ami Alypius, il en pleure, comme si souvent jusque-là. Il se réfugie à l'écart sous un figuier pour donner libre cours à ses larmes. Et voici que d'une maison voisine s'élève une voix d'enfant chantant une comptine : « Prends et lis, prends et lis. »

Perplexe, il se rappelle alors avoir entendu que saint Antoine, en entrant dans une église au moment de la lecture de l'évangile avait entendu « va, vends tout ce que tu as et donne-le aux pauvres. Tu auras un trésor dans le ciel. Viens, suis-moi », et qu'il l'avait pris pour lui, quittant tout pour se retirer au désert. Cette parole avait touché Antoine au cœur et l'avait sur-le-champ tourné vers Dieu. Augustin se demande si une même chose peut lui arriver. Il retourne en hâte au livre des Écritures qu'il a laissé près de son ami. Il l'ouvre au hasard et tombe sur ces mots : « Conduisons-nous honnêtement, comme on le fait en plein jour, sans orgies ni beuveries, sans luxure ni débauches, sans rivalité ni jalousie, mais revêtez-vous du Seigneur Jésus Christ; ne vous abandonnez pas aux préoccupations de la chair pour en satisfaire les convoitises. » Il n'en lit pas plus. Nul besoin. Comme pour Antoine, il sait que ces paroles sont à lui adressées. Finies les tergiversations, dissipées les ténèbres, ouvert le saut dans la foi… Et il le fait.

« Prends et lis. » Cette comptine enfantine entendue par saint Augustin l'a amené à ouvrir la Bible et son existence s'en est trouvée bouleversée. On ne peut que l'être, à partir du moment où elle est Parole de Dieu. Mais Augustin n'en est pas resté à son expérience marquante et décisive du jardin à Milan. Il a lu la Bible, l'a mâchée, ruminée, commentée durant tout le reste de sa vie. Les moines et les moniales font leur *lectio divina* tous les jours. Et pour ma part je me suis mise à la lire et à l'aimer tout comme eux. Au fil des jours, des semaines, des mois maintenant, je recopie sur un petit cahier vert des passages de psaumes, les vers qui retiennent mon attention et me nourrissent quand je les relis. J'y retranscris aussi des prières, des textes religieux, des réflexions de prêtres, de saints. Mais la Bible reste la nourriture qui me sustente le plus. Parmi les multiples fois où j'y ai retrouvé du réconfort, il y a ce jour du 2 février 2021. On doit m'opérer ce jour-là du pied droit à la polyclinique de Blois. Je me retrouve à attendre l'opération sur un brancard. Tout d'abord, je n'arrête pas de prier pour calmer mon angoisse. Des larmes coulent tout doucement le long du visage. Puis je me sens à la fois seule et pas seule. En cette fête de la présentation de Jésus au Temple par ses parents, appelée aussi Chandeleur, sa lumière est dans mon cœur, et non à l'extérieur. Mais le soir, je prends peur de trop penser à Dieu, à Marie, alors que je ne peux m'en empêcher. C'est plus fort que moi. J'ai l'impression d'être imprégnée de leur présence. Le chapelet que m'a offert un prêtre allemand ne me quitte pas. Je le serre très fort, l'entoure autour de mon poignet, le mets sur mon cœur. Puis soudain je ressens un immense vide, au point que je crains les avoir tous perdus. Je m'endors, et dans la nuit je me réveille tout en chantant alléluia ! Au matin, la lecture du jour dans mon missel remet tout en place. Je la prends comme parole de Dieu personnellement adressée :

> Frères,
> vous n'avez pas encore résisté jusqu'au sang
> dans votre lutte contre le péché,
> et vous avez oublié cette parole de réconfort,

qui vous est adressée comme à des fils :
« Mon fils, ne néglige pas les leçons du Seigneur,
ne te décourage pas quand il te fait des reproches.
Quand le Seigneur aime quelqu'un,
il lui donne de bonnes leçons ;
il corrige tous ceux qu'il accueille comme ses fils. »
Ce que vous endurez est une leçon.
Dieu se comporte envers vous comme envers des fils ;
et quel est le fils auquel son père ne donne pas des leçons ?
Quand on vient de recevoir une leçon,
on n'éprouve pas de la joie mais plutôt de la tristesse.
Mais plus tard, quand on s'est repris grâce à la leçon,
celle-ci produit un fruit de paix et de justice.
C'est pourquoi,
redressez les mains inertes et les genoux qui fléchissent,
et rendez droits pour vos pieds les sentiers tortueux.
Ainsi, celui qui boite ne se fera pas d'entorse ;
bien plus, il sera guéri.
Recherchez activement la paix avec tous,
et la sainteté sans laquelle personne ne verra le Seigneur.
Soyez vigilants :
que personne ne se dérobe à la grâce de Dieu,
qu'il ne pousse chez vous aucune plante aux fruits amers,
cela causerait du trouble,
et beaucoup en seraient infectés. (He 12,4-15)

Dieu me traite comme une de ses filles. Je suis son enfant. Il m'apprend à grandir dans la foi, dans la confiance en lui. Ainsi la Bible me nourrit-elle. Et il m'arrive de me perdre dans ses profondeurs. Je me rappelle ce séjour en mars 2020 avec des amis tous croyants et fiers de l'être, une semaine de partage à six entre promenades, marches, jeux et repas. Pendant ce séjour, nous avons visité le monastère du Reposoir, ancienne chartreuse devenue carmel, perdu au fin fond de sa vallée, au cœur des montagnes des Aravis, en Haute-Savoie. Là vivent une vingtaine de carmélites qui ont choisi de tout quitter pour approfondir leur intimité avec Dieu dans la solitude et le silence. Appelées au désert, elles méditent la Parole de Dieu et intercèdent pour l'Église et le monde. Arrivés devant la lourde porte, nous frappons. Personne. On entend un téléphone sonner dans une pièce, donc on se permet de rentrer. Tout est silencieux. Alors on avance à pas feutrés sous les arcades jusqu'à un lieu de prière ouvert aux pèlerins. On entre. Un silence total y règne. Machinalement, je m'assois, je repère une Bible posée sous une chaise. Je l'ouvre et lis, lis jusqu'à ce que l'on m'appelle parce que l'heure tourne. C'est ainsi et un peu fou : quand je suis en prière, le temps s'arrête, c'est toujours pareil.

Il m'est arrivé un événement semblable au « prends et lis » d'Augustin, mais à partir d'un livre de méditations. Dans ma prière, j'avais pris l'habitude de visualiser la Vierge Marie, Marion, Anna. Mais pendant quelques semaines je me suis trouvée dans le flou les concernant. J'étais perdue, et les filles étaient perdues pour moi. J'ai appelé la Vierge Marie sans relâche, qu'elle vienne à mon secours, dissipe mes ténèbres. Mais aucune réponse. Un jour je reçois par la poste un livre que j'avais commandé, *Dieu au fil des jours*, du carme Wilfrid Stinissen. Alors que je le sors du paquet, il s'ouvre naturellement à la page du 13 novembre ! Et je lis :

> 13 novembre
> *Ceux qui nous ont précédés sont auprès de Dieu*
>
> Quand nous pensons à nos amis décédés comme à des morts, nous avons l'impression d'être laissés seuls avec notre chagrin. Mais si nous levons les yeux vers la foule immense qui se tient devant le trône de Dieu, sûrs que nos bien-aimés en font partie, nous pouvons vivre alors en leur présence, plus et mieux que lorsqu'ils étaient avec nous sur terre. Il n'y a pas de communion possible avec les morts, mais bien avec les saints, avec ceux qui vivent auprès de Dieu. [...]
> L'amour qu'ils peuvent et veulent te donner maintenant est beaucoup, beaucoup plus grand que celui qu'ils t'ont donné ici-bas. Leur amour pour toi a grandi, et ils désirent que ton amour grandisse aussi.

J'ai refermé le livre. Tout y était. Tout ce que j'attendais. Cela aurait pu, ou dû, être placé au 2 novembre, pour la commémoration de tous les fidèles défunts, ou pour le 1er novembre, solennité de tous les saints, mais non, l'auteur avait placé cette méditation quotidienne au 13 du mois. Comme si Dieu répondait par intermédiaire interposé à mes interrogations, mes demandes, mes désirs d'apprendre, de savoir, au moment où j'ai l'impression d'avoir été abandonnée.

On me dira que je suis retournée en enfance, que je vis une régression psychologique, que je prends mes désirs pour des réalités, que sais-je encore. On pourrait le penser. Qui ne s'est pas dit, enfant, « si j'arrive au coin de la rue avant quelqu'un de la rue perpendiculaire, j'aurais une bonne note. Si je marche sur toute la longueur du rondin sans mettre le pied par terre, je ne serai pas punie. » On se prenait à espérer. Mais la mauvaise note tombait, la punition aussi, et on apprenait ainsi à voir qu'il n'y avait aucun lien de cause à effet. Mais parfois, la pensée magique propre aux enfants reste chez des adultes sous forme de superstition. L'imaginaire et le réel ne sont pas dissociés. Serais-je de ceux-là ?

Je ne le crois pas. Ma foi en Dieu est loin d'être une assurance tous risques. Je sais bien que le pire comme le meilleur peuvent arriver en cette vie. Notre rédemption ne s'est pas faite d'un coup de baguette magique, mais par la sueur et le sang d'un homme, d'un Dieu ayant assumé nos nuits humaines. Ma vie de prière ne m'éloigne pas du réel, elle m'invite plutôt à y entrer de plain-pied, sans rechigner à la tâche, comme avant, mais avec un autre regard porté sur le quotidien, une autre perspective.

Dieu a répondu à mon appel, à mon cri de détresse. Il s'est engouffré dans mon cœur de mère déchiré. Mais c'est pour m'attirer vers la vraie vie. Il m'a répondu, et me répond encore, mais toujours qu'en partie. Du chemin reste à parcourir. Lorsque, par pure grâce, il se fait sensible, perceptible, accessible, c'est pour mieux me redynamiser. Le hasard d'une lecture, d'une rencontre, alors n'est pas hasard, mais Dieu qui se promène incognito, comme dit

Albert Einstein. Le hasard est providence. On ouvre un passage de l'Écriture « au hasard », et en réalité c'est Dieu qui parle, invite, dialogue avec nous, nous instruit, nous guide.

Et puis s'il reste de la crédulité de l'enfant en moi, pourquoi Dieu ne l'utiliserait-il pas pour me rejoindre ? Avant que la parole de Dieu ne retourne le grand saint Augustin, son cœur ne s'est-il pas mis en mouvement à l'écoute d'une comptine d'enfant qui l'avait peut-être fait retourner en enfance, à ses rêves ? Jésus ne nous invite-t-il pas à devenir comme des enfants pour entrer dans le Royaume de Dieu ? Peut-être que l'un des sens de cette phrase est de laisser revivre en nous la manière simple et directe des enfants d'être en contact avec le mystère qui habite tout être, toute créature. Comment concevoir un contemplatif qui n'aurait pas le sens de l'émerveillement ? Notre monde cartésien veut tout enfermer dans des cases, même Dieu. Pour moi, le langage des images que je peux avoir de Marie, de mes filles, est porteur d'une charge de vie et d'affection bien plus efficace pour mon cœur. Un enfant qui se jette dans les bras de son père ou sa mère a une bien meilleure perception de ce qu'est un être humain qu'un anatomiste.

Oublier ou se souvenir

> Erick

Je pense qu'il existe de multiples manières de se remémorer ou d'oublier. Dans les premiers mois, je pensais aux filles tout le temps, en boucle. Et si je les oubliais un temps, je culpabilisais de les avoir oubliées. Puis, avec le temps, j'ai pu faire diverses activités sans pour autant penser explicitement à elles.

Plus les mois passent, plus je prends conscience que les années à vivre entre ma retraite et la tombe ne peuvent être fécondes si elles restent hantées par la mort, la haine, la violence, la revanche, le ressentiment, l'amertume. Il me faut oublier sans oublier, laisser ce qui me fait du mal, garder ce qui me fait du bien. Tout oublier serait une malédiction. Tout garder de manière constante aussi.

De la même manière qu'en étant adulte je savais bien le temps de l'enfance et de l'innocence révolu, je sais aujourd'hui que je ne retournerai pas aux rires autour d'une bonne tablée. J'ai trop souffert. Mais je peux être en paix et répandre la paix, si je l'accepte en moi, si je l'appelle, si je la veux. Sur la basse continue de ma douleur peut s'élever encore quelque mélodie du bonheur. Du moins je l'espère.

Le choc a été tel que je me disais « pourquoi elles ? » Mais je suis quelqu'un de concret, ancré dans la réalité. Alors très vite j'ai intégré le fait que ce qui est arrivé est arrivé, et qu'on ne peut pas revenir en arrière. Toute histoire humaine est marquée par des épreuves, par des contacts avec la mort. Toute histoire humaine est aussi marquée par la joie, le bonheur. Lesquels privilégier ? Les moments heureux ne sont pas moins vrais que les malheureux. Mais je sais que si je me remémore les moments de mort, je désespère. Si je me remémore les moments de vie, j'espère à nouveau. Ma manière de regarder le passé change ma manière de regarder l'avenir. Alors je me rappelle les moments de bonheur. Je parie sur la vie plus forte que la mort plutôt que sur la mort plus forte que la vie. Mais surtout, je mets ma foi, mon espérance en Dieu. Je me dis que si Dieu existe, il ne peut être que bon. S'il est bon, il ne peut pas vouloir le mal. S'il est bon et plus fort que le mal, des traces de sa bonté doivent bien transparaître malgré le mal qui se déverse sur la terre. Et je le remercie pour le bonheur qui nous a été donné de vivre, pour les filles qui nous ont été confiées, et cela me redonne – un peu – confiance pour l'avenir. Je dis « un peu », car à dire vrai, j'ai du mal à avoir confiance dans l'avenir de notre pays, de notre planète. Ma confiance est en Dieu maintenant, et exclusivement.

Jamais je n'oublierai mes filles. Je me rappelle un client qui m'avait parlé de la mort d'un de ses enfants d'un accident de la route. Il avait tout enlevé dans sa maison lui rappelant son enfant. Les photos, les livres, les jeux, les vêtements, tout. Pour moi cela serait impossible, ne serait-ce qu'en raison de tous ces moments de bonheur qu'elles m'ont donné. Et, en même temps, elles m'invitent à une forme de détachement. Par fidélité à leur mémoire, elles m'invitent à continuer ma vie ici-bas pour les années qu'il me reste à vivre. Et pour cela elles me demandent de ne plus imaginer ce qu'elles seraient aujourd'hui ou demain si elles avaient continué leur route sur cette terre, et d'accepter au contraire la réalité, ce qu'elles sont maintenant : dans la tombe quant à leurs corps, dans la Vie en raison de ma foi au Christ ressuscité. Et parce que dans la Vie, elles sont aussi présentes à nos vies, que je le sache – par des petits signes que j'interprète comme étant ceux de la providence – ou non.

Que garder des filles ? Quoi oublier sans culpabiliser ? Le seul souhait de leur être fidèles guide mes pas, oriente ma route. Le travail se fait alors naturellement, à son rythme, sans même que j'aie à décider. Mais lorsque je transpose cela à notre société, je n'ai pas le même sentiment, car je ne sens pas le même sentiment de fidélité à nos disparus habiter le corps social que nous formons. D'un côté on commémore à tout-va, d'un autre côté on laisse certains événements dans les oubliettes de l'histoire.

Je ne me leurre pas. Un jour ou l'autre, le 13-Novembre ne sera plus commémoré. Déjà la « qualité » des personnalités présentes a diminué d'année en année. Du président de la République on est passé au Premier ministre. Déjà la considération dans laquelle on nous tient a baissé aussi. À la première commémoration du 13-Novembre, nous avons reçu une invitation avec tous les frais payés. En 2018, ce n'était déjà plus qu'un bon de remboursement pour les frais de transport que nous pourrions engager – avec indiqué, tout en bas du bon, en tout petit caractère : « à titre de transport économique ». Et en 2019, à l'invitation n'était joint aucun remboursement de transport, même en seconde classe.

J'aimerais que nos politiques ne fassent pas que se souvenir, surtout lorsque les souvenirs s'émoussent à la vitesse grand V. J'aimerais qu'ils ne fassent pas que fleurir des plaques une fois par an, mais qu'ils agissent. Commémorer et se remémorer ne sert à rien si, au lieu d'être un aiguillon pour l'action, ce n'est qu'un moment pour verser sa petite larme et chanter la Marseillaise pour se donner bonne conscience. Se souvenir et agir doivent être étroitement liés, l'un menant à l'autre. Ce n'est qu'une question de volonté politique. Se souvenir sans agir revient à être une tête sans bras, agir sans se souvenir, à deux bras sans tête. S'il convient de revenir sur ce qui s'est passé afin de savoir dans quelle direction aller, bien d'autres attaques ont eu lieu depuis le 13-Novembre si bien que nos gouvernants ne devraient que trop savoir ce qu'il convient de faire, ce qu'il faut mettre en œuvre pour prévenir ces massacres. N'est-ce pas pour gouverner, tenir le gouvernail, mener la barque, qu'on les élit ? Alors qu'ils agissent. Combien de jeunesses sacrifiées faudra-t-il pour faire changer les choses ? Combien ? Par décret du 7 novembre 2019, Emmanuel Macron a institué une journée nationale d'hommage aux victimes du terrorisme, fixée au 11 mars pour correspondre à la journée européenne de commémoration des victimes du terrorisme qui existe depuis 2005. Mais ce n'est ni cette journée du 11 mars, ni la création d'un musée-mémorial, qui effacera la tristesse, la peur et le doute du peuple français, mais bien les résultats concernant les attentats déjoués et la justice rendue.

Sylvie et moi avons souhaité vivre une autre forme de commémoration. Chaque année, au lieu de nous joindre à celles de Paris, nous allons à la messe célébrée pour nos filles dans notre village. Cette cérémonie-là est plus paisible, et tellement plus sincère. Mais plus encore. À la messe, on ne fait pas que commémorer. On entre dans la Pâque de Jésus. Nos filles avec lui. Et nous avec elles et lui. Et l'humanité tout entière avec lui. Jésus a demandé à ses disciples de célébrer l'eucharistie « en mémoire » de lui. Mais c'est pour nous entraîner avec lui.

À la messe, je suis devant du pain et du vin, devant un élément solide et un élément liquide. Séparés. Sur le pain le prêtre dit « ceci est mon corps ». Sur le vin il dit « ceci est mon sang ». Il parle au nom du Christ, à la place du Christ, le Christ parlant en lui. Dans la foi, je crois que le pain devient alors le corps du Christ, le vin son sang. D'un côté les apparences du pain, de l'autre celles du vin. D'un côté le corps, de l'autre le sang. Corps et sang séparés. Le sang hors du corps. Un cadavre… Comme dans les rues de Paris. Comme dans la fosse du *Bataclan*. Comme aux terrasses des brasseries. Mais le prêtre ne dit pas seulement « mon corps » et « mon sang ». Il dit « mon corps *donné pour vous* » et « mon sang *versé pour vous* ». La vie du Christ, on ne l'a pas prise, il l'a donnée. Il l'a donnée alors même qu'on la lui prenait. Il s'est sacrifié pour nous. Et quand je suis à la messe, je suis devant Jésus qui se sacrifie, qui se donne. On le torture, on le tue. Et il se donne. C'est pour moi inimaginable ! Je ne puis imaginer un tel don en un tel moment. Ce n'est possible qu'en raison d'un grand amour. D'un amour qui me dépasse. En présence de cet amour incompréhensible et incommensurable, je demande à devenir capable d'aimer comme il aime. Je lui demande de m'apprendre à me donner alors même qu'on me tue, alors même que je souffre.

Je suis devant son sacrifice, j'assiste à son sacrifice. Et dans la foi je sais qu'il n'est pas vain. Apparemment rien ne change. Il y a toujours du pain et du vin. Apparemment la mort de Jésus n'a rien changé dans le monde. Il y a toujours de la haine, de la souffrance, et la mort au bout pour tous. Et en même temps, je sais le sacrifice du Christ ne pas avoir été vain. Un cadavre a été descendu de la croix, un cadavre a été mis au tombeau. Mais il est ressuscité. Par ses paroles à la Cène sur le pain et le vin, le Christ annonçait son don plénier sur la croix. Et la célébration du sacrifice eucharistique, loin d'être un rite mortuaire et mortifère, est un rite vivifiant parce que le Christ est vivant, la résurrection ayant transformé son corps mortel en corps glorieux. Sur l'autel, je vois donc bien du pain et du vin séparés. Les paroles du prêtre distinguent bien le corps du sang. Et en même temps, je ne vais pas communier à un cadavre, mais au Seigneur qui donne vie, au Seigneur ressuscité, au Christ tel qu'il est en sa résurrection. Sous les apparences du pain sont présents le corps, le sang, l'âme et la divinité de Jésus-Christ. Sous les apparences du vin sont le sang, le corps, l'âme et la divinité de Jésus-Christ ressuscité. Sous la moindre parcelle de pain consacré, sous la moindre goutte de vin consacré, est contenu Jésus-Christ tout entier, vrai Dieu et vrai homme glorifié qui donne la vie.

Quand je vois que la puissance de Dieu a été capable de ressusciter Jésus, que cette même puissance est capable de transformer le pain et le vin en corps et sang du Christ, que la puissance de l'amour est capable de transformer tout ce qui détruit, je crois alors non seulement pour moi mais pour notre monde. Je crois que l'amour a vaincu la haine, que le Christ a vaincu la mort. Mais je le crois comme on sait que l'aube va se lever alors qu'on est dans la nuit. L'aube resplendissante viendra un jour, à la fin de temps. Pour l'instant, c'est l'obscurité, le temps où l'ivraie semble l'emporter sur le bon grain.

Habité par la certitude que le Christ nous a assuré la victoire, sûr que l'acte sauveur de Jésus est rendu présent et efficace à la messe, et pas simplement commémoré comme on rappelle un souvenir à la mémoire, les commémorations civiles me paraissent bien vaines à côté d'une messe. Ou si elles peuvent avoir quelque valeur, c'est – à mon avis – à la lumière de cette forme de commémoration si profonde qu'est la messe.

Lorsqu'il m'arrive de me replier sur ma souffrance, j'assiste à la messe. Là, je suis devant le Christ qui se donne et qui, parce qu'il s'est donné, m'est donné, à moi comme à tous, pour que je me donne à sa suite. Je n'embrasse pas la souffrance comme telle – je ne suis pas un maso. Je me rebiffe contre elle, même. Mais je sais que par elle je rejoins le Christ qui partage ma route.

Lorsque j'assiste à la messe et communie, je sais – dans la nuit de mon cœur et de mon âme –, grâce à la mort du Christ qui n'a pas été vaine, que celle de mes filles n'est pas le dernier mot de leur histoire ni de la nôtre, à Sylvie et à moi. Même s'il advenait un jour – par maladie, par sénilité, que sais-je encore – que j'en vienne à tout oublier d'elles, même si la France oublie un jour le 13-Novembre, je sais que Dieu, lui, n'oublie rien. Et je m'en remets à lui pour tout.

« Marion et Anna vous précèdent »

> Sylvie

« Marion et Anna vous précèdent. » Cette phrase restera à jamais gravée sur mes lèvres et dans ma mémoire.

Ce dimanche 18 novembre 2018, Erick et moi partons en voiture très tôt le matin avec une amie, Colette, en direction de l'Orne pour assister au pèlerinage clôturant une « Quinzaine du Ciel » à Notre-Dame de Montligeon. Nous y allons à l'invitation des prêtres de notre paroisse, le sanctuaire étant animé par des membres de la même communauté. On a lu le dépliant imprimé pour l'occasion :

> Fondée en 1884, l'œuvre de Montligeon a pour vocation la prière pour les âmes du purgatoire (en particulier les plus délaissées). Rapidement, l'humble confrérie paroissiale créée par l'abbé Buguet, prend un essor extraordinaire.

Du monde entier, les associés s'inscrivent par milliers et les pèlerinages se développent considérablement. Montligeon est un lieu d'Église pour rappeler aux croyants la prière de fidélité pour les défunts. C'est le lieu du « souvenir » où chaque famille est invitée à retrouver, dans le Christ, tous ses membres invisibles. Après avoir vécu un deuil, une longue maladie, une séparation ou toute autre épreuve, chacun peut venir déposer ses souffrances entre les mains de Notre-Dame et s'appuyer dans la communion des saints sur la prière de l'Église et de la Fraternité Notre-Dame de Montligeon répandue sur tous les continents.

Mais surtout cette phrase nous avait plu : « La perte d'un être cher est une terrible épreuve. Nous pouvons ressentir douleur, incompréhension, révolte, solitude, angoisse… Comment faire son deuil et retrouver l'espérance ? »

Les prêtres ne font pas leur beurre de la désespérance des gens. Si ce lieu pouvait nous apporter quelque réconfort supplémentaire, pourquoi ne pas tenter l'expérience ? Alors nous voici partis pour la journée rejoindre ce lieu que son recteur, Don Paul Denizot, présente comme rien moins que « centre mondial de prière pour les défunts » !

Au cœur du parc régional du Perche, au beau milieu des champs, les deux flèches de l'église relient la terre au ciel. L'ensemble se dévoile au détour de la petite route de campagne. Arrivés en avance, nous nous installons dans la lumineuse église néo-gothique surnommée « la cathédrale des champs ». Les chrétiens affluent, et bien vite la basilique est pleine. En attendant la messe, des religieuses chantent des louanges, des prières, et nous les accompagnions de nos voix. À onze heures, la messe commence, présidée par Mgr Antoine de Romanet, évêque aux armées. Nous prions avec tous les pèlerins pour les défunts, pour les âmes en purgatoire. Je sais bien que Marion et Anna cherchaient à faire le bien sans pour autant être des saintes. Je crois donc en ce lieu, à cette étape de purification avant d'entrer dans la vie éternelle pour les personnes qui, bien qu'elles acceptent le salut que leur apporte le Christ, sont encore marquées par des péchés. J'imagine leur souffrance semblable à celle que nous subissons lorsque nous passons de l'ombre à la lumière. Celle de Dieu est si forte et si vive qu'il faut un certain temps pour s'y habituer si l'on n'est pas pleinement saint, complètement habité par Dieu, par son amour, au moment de la mort. Par nos prières, nous demandons que les fautes commises soient entièrement pardonnées. En offrant l'eucharistie pour les défunts, nous les aidons dans ce processus de purification. Ils sentent nos prières et nous en remercient tant ils ont hâte de paraître devant Dieu vivant.

Mes filles ont été prises, au sens propre, à un croisement de rues parisiennes, au sens figuré, à la croisée des chemins de leur vie. Ne sont-elles pas de ces invités à l'improviste ainsi que l'explique Jésus ?

> Le royaume des Cieux est comparable à un roi qui célébra les noces de son fils. Il envoya ses serviteurs appeler à la noce les invités, mais ceux-ci ne voulaient pas venir. Il envoya encore d'autres serviteurs dire aux invités : « Voilà :

j'ai préparé mon banquet, mes bœufs et mes bêtes grasses sont égorgés ; tout est prêt : venez à la noce. » Mais ils n'en tinrent aucun compte et s'en allèrent, l'un à son champ, l'autre à son commerce ; les autres empoignèrent les serviteurs, les maltraitèrent et les tuèrent.
Le roi se mit en colère, il envoya ses troupes, fit périr les meurtriers et incendia leur ville. Alors il dit à ses serviteurs : « Le repas de noce est prêt, mais les invités n'en étaient pas dignes. Allez donc aux croisées des chemins : tous ceux que vous trouverez, invitez-les à la noce. » Les serviteurs allèrent sur les chemins, rassemblèrent tous ceux qu'ils trouvèrent, les mauvais comme les bons, et la salle de noce fut remplie de convives.
Le roi entra pour examiner les convives, et là il vit un homme qui ne portait pas le vêtement de noce. Il lui dit : « Mon ami, comment es-tu entré ici, sans avoir le vêtement de noce ? » L'autre garda le silence. Alors le roi dit aux serviteurs : « Jetez-le, pieds et poings liés, dans les ténèbres du dehors ; là, il y aura des pleurs et des grincements de dents. » (Mt 22,2-14)

Une mère ne peut que souhaiter le meilleur à ses enfants. Et j'aime à penser qu'à l'entrée de la salle du banquet, comme tous les autres pauvres hères, mes puces ont reçu et accepté de porter le vêtement de noces, reçu et accepté le salut de Dieu. L'évangile ne dit pas d'où viennent ces vêtements. Mais si tous ces invités, bons et mauvais, sont des pauvres pris sur les chemins, invités de la dernière minute, d'où peuvent-ils bien provenir sinon du roi lui-même ? Ces pauvres ne les portaient pas sur eux, ne les avaient pas avec eux, n'avaient pas eu le temps de retourner chez eux pour se préparer. L'invité sans vêtement de noces, que le roi jette dehors, n'a aucune excuse. Il ne peut s'en prendre qu'à lui-même. Dieu nous invite tous aux noces de son fils. Il suffit de manifester notre reconnaissance en portant le vêtement qu'il nous remet. Je ne doute pas que mes filles l'aient accepté et se soient faites belles avec pour honorer le roi et son fils. Et peut-être que le purgatoire s'apparente à ce temps ou à cet espace où l'on se prépare et se pare pour passer de la poussière des grands chemins à la clarté de la salle de noces.

Dans l'après-midi, Mgr de Romanet tient une conférence. Il parle de la mort de nos militaires tués pour notre pays, du terrorisme, de la différence entre ceux qui meurent pour défendre la paix et ceux qui meurent pour instaurer la terreur, nos soldats français qui tuent sans chercher à tuer à tout prix et les djihadistes qui cherchent à tuer pour tuer et se suicident, ceux qui meurent en aimant et ceux qui meurent en haïssant…

Malheureusement, la position assise favorise l'assoupissement, et comme mes nuits sont courtes, le sommeil me gagne. Erick a beau me pousser du coude, je n'arrive pas à refaire surface. Je m'accroche aux paroles de l'évêque, mais en vain…

À la fin de la conférence, notre amie Colette interpelle l'évêque pour lui demander une grâce. S'approchant de nous, il nous dit : « Marion et Anna vous précèdent. » Mon cœur le sait déjà, mais il est tellement bon et doux de l'entendre de la voix d'un évêque qui ne connaît ni les filles ni nous. Ses propos sont d'une extrême douceur. Peut-être est-il habitué à recueillir les confidences de soldats blessés, sur les théâtres des opérations militaires extérieures de la France, dans les hôpitaux militaires. Il connaît les blessures de guerre, le syndrome de stress post-traumatique. Nous discutons quelques instants avant de repartir, lui à ses devoirs et nous à la maison.

« Marion et Anna vous précèdent. » Cela me réconforte dans ma foi : elles sont bien avec Dieu, et bien avec nous. Bien sûr, les non-croyants ne peuvent pas comprendre notre réaction, ou peut-être peuvent-ils penser que j'invente Dieu pour mieux rester avec elles, sentir leur présence tout près de nous et en nous, envisager des retrouvailles. Libres à eux de le croire. Mais pour moi Dieu n'est pas une projection de ma pensée, ni de mes besoins. Quand ma rencontre avec Dieu a eu lieu, c'est à ce moment-là que j'ai retrouvé Marion et Anna. C'était un soir, alors que j'étais tout simplement assise au bord de mon lit à écrire mes pensées sur un cahier. Je ne sais pas ce qui m'a pris, j'ai fermé le cahier et, poussée par une envie, un besoin, ou un appel, j'ai fermé les yeux et prié, appelé Dieu de tout mon amour pour qu'il m'aide à être moins triste. C'était au début de l'année 2018. Et, il était là pour moi, devant moi, avec les filles à ses côtés. Je me demandais ce qui m'arrivait mais sans être surprise. Je l'avais tellement appelé à mon secours. Sûrement que mes oreilles n'étaient pas assez grandes pour l'entendre, mes yeux pas assez ouverts pour le voir, mais c'est ce soir-là qu'a eu lieu la rencontre. De toute manière, il devait déjà me guider, m'aider.

Au début de notre rencontre, Marie se trouvait très loin au bout du chemin, et, au fil de mes prières, elle s'est approchée des filles pour, finalement, se trouver entre Dieu et mes puces. Marie embrassait les filles de son regard unique, les protégeait maternellement. Depuis, cette image est gravée dans ma tête à vie jusqu'à nos retrouvailles. Elles sont heureuses d'être avec Marie, et ça me réconforte. Elles sont à mon écoute et moi à la leur, parce que je sais qu'elles ne veulent que mon bien pour la vie qui me reste ici-bas. Si on accepte la vie de Dieu et Marie en soi, alors tout devient plus facile. Il suffit de l'appeler, de le chercher, de le trouver, de lui parler, et de l'aimer.

« Marion et Anna vous précèdent. » Elles nous précèdent parce qu'elles sont parties avant nous. Elles nous précèdent aussi comme si elles nous préparaient une place. Mais si purgatoire il y a eu pour elles, c'est – enfin, il me semble – en ce temps de Dieu qui est hors du temps, si bien qu'il est vain de chercher à savoir si elles sont au purgatoire ou « arrivées » au paradis. De là où nous sommes, nous pouvons aussi bien prier pour elles – en raison du purgatoire –, que les prier – en raison du paradis.

Les filles et moi avions des relations privilégiées, très complices. Je devinais leurs pensées avant même qu'elles ne m'en parlent ou que nous en discutions. J'étais toujours là quand elles avaient besoin de moi. Lors des examens ou des concours, je leur disais : « Ne vous inquiétez pas, l'auréole au-dessus de votre tête s'appelle maman. » Désormais il y a comme une inversion des rôles. Avant nous les précédions, maintenant elles nous ont précédés.

De toute évidence, les filles nous conduisent où elles le désirent, elles sont de toutes nos rencontres positives, elles nous guident pour notre bien-être le mieux possible. Elles dirigent nos vies et nous leur en sommes reconnaissants. Normalement, dans une famille avec un père et une mère, ce sont eux qui dirigent les enfants comme chez nous avant. Mais aujourd'hui, nous nous laissons guider par Marion et Anna avec l'immense aide de Dieu et Marie. Nous ne pouvons plus vivre sans nos filles, elles nous ont guidés vers Dieu et Marie et nous devenons inséparables les uns des autres. Elles sont tout le temps avec moi, je les emmène partout avec moi, dans mon cœur ; je leur parle de tout, de ma vie de maintenant, de mes sentiments ; je leur demande conseil, faisant moi-même les questions et les réponses, mais ce n'est pas grave car elles sont avec moi.

Dans ma vie quotidienne, je suis apaisée, sans affolement, jour après jour. Ce qui doit arriver arrive. Dieu décide et sait tirer parti de nos erreurs, de nos faiblesses, de nos refus de lui. Je deviens complètement dépendante de Dieu. Il est lumière et il m'aide à vivre. Depuis l'annonce de leur mort, mon chemin a été jonché de tourments, de pleurs, de tristesses, de néant, de plus rien. Aujourd'hui, mes instants de prière, d'échange avec

Dieu et Marie me rendent joyeuse. Je leur souris. Je sais mes filles heureuses près de Marie. Et je demande à Dieu de m'aider à monter une nouvelle marche vers lui, pour approfondir ma foi, ma confiance totale en lui et le laisser guider ma vie.

Dieu m'a acceptée quand je l'ai appelé. Et Marie a accepté mes filles sans que j'aie eu à les lui offrir. Quel bonheur ! Bien sûr, Marie est entourée de milliers d'âmes, mais je ne vois que mes filles avec elle.

Pardon, peine de mort, lâcheté

> Erick

Le pardon. Voilà un bien grand mot que je n'arrive toujours pas à comprendre. Moins d'un mois après le 13-Novembre, l'Église entrait dans une année célébrant la miséricorde de Dieu. Puis, en août 2017, nous nous sommes rendus, Sylvie et moi, en Pologne avec Jean et Corine. Nous sommes passés notamment au sanctuaire de la Miséricorde divine, à quelques kilomètres de Cracovie, situé à côté du couvent des sœurs de Notre-Dame de la Miséricorde où la mystique sœur Faustine a vécu. Dans l'église Sainte-Croix repose la sainte, face au tableau de Jésus Miséricordieux que l'on trouve présent maintenant dans de nombreuses églises françaises depuis que le pape Jean-Paul II a béatifié puis canonisé cette religieuse polonaise.

Là et par la suite j'ai médité sur la miséricorde divine. J'ai lu une partie des écrits de sœur Faustine. J'arrive très bien à concevoir que la miséricorde manifeste l'attachement profond d'un être pour un autre. Et en ce qui concerne Dieu, je vois bien que sa miséricorde à notre égard montre à quel point il nous aime. Dieu est bouleversé par nos souffrances, il souffre avec nous, nous aide, nous pardonne, nous manifeste sa tendresse. J'entends bien qu'il n'y a pas de limite à sa miséricorde sinon celle que lui oppose celui qui ne veut pas accueillir son pardon. Mais je ne me vois pas de mon côté pardonner l'assassin de mes filles. Si je devais pardonner à l'assassin de mes filles, cela voudrait dire que j'ai pour lui un attachement profond, ce qui n'est pas le cas! Je sais que Jésus a dit :

> Aimez vos ennemis, faites du bien à ceux qui vous haïssent. Souhaitez du bien à ceux qui vous maudissent, priez pour ceux qui vous calomnient. À celui qui te frappe sur une joue, présente l'autre joue. À celui qui te prend ton manteau, ne refuse pas ta tunique. Donne à quiconque te demande, et à qui prend ton bien, ne le réclame pas. Ce que vous voulez que les autres fassent pour vous, faites-le aussi pour eux. Si vous aimez ceux qui vous aiment, quelle reconnaissance méritez-vous? Même les pécheurs aiment ceux qui les aiment. Si vous faites du bien à ceux qui vous en font, quelle reconnaissance méritez-vous? Même les pécheurs en font autant. Si vous prêtez à ceux dont vous espérez recevoir en retour, quelle reconnaissance méritez-vous? Même les pécheurs prêtent aux pécheurs pour qu'on leur rende l'équivalent. Au contraire, aimez vos ennemis, faites du bien et prêtez sans rien espérer en retour. Alors votre récompense sera grande, et vous serez les fils du Très-Haut,

> car lui, il est bon pour les ingrats et les méchants. Soyez miséricordieux comme votre Père est miséricordieux. Ne jugez pas, et vous ne serez pas jugés; ne condamnez pas, et vous ne serez pas condamnés. Pardonnez, et vous serez pardonnés. Donnez, et l'on vous donnera : c'est une mesure bien pleine, tassée, secouée, débordante, qui sera versée dans le pan de votre vêtement; car la mesure dont vous vous servez pour les autres servira de mesure aussi pour vous. (Lc 6,27-38).

Un tel enseignement de Jésus ne peut que me travailler le cœur. Mais j'aimerais bien qu'on m'explique ce que cela veut dire pour moi concrètement, car, tel que j'imagine le pardon, je me sens incapable de l'accorder. Seuls les saints peuvent le faire. Ce que je ne suis pas. Peut-être le peuvent-ils parce qu'ils sont traversés de part en part par l'amour qui vient de Dieu, ce qui n'est pas mon cas. J'admire le pape Jean-Paul II d'être allé rendre visite en prison à Ali Ağca, qui avait attenté à sa vie. J'admire le père Christian de Chergé, décapité en Algérie, d'avoir pu pardonner d'avance celui qui allait le tuer. Je n'imagine même pas cela possible pour moi un jour. Mais même pour le pape Jean-Paul II, le pardon accordé n'a pas empêché Ali Ağca de purger une peine. Et même dans le cas de ce moine trappiste assassiné avec les autres moines de son monastère, le pardon accordé par anticipation ne dispense en rien la justice humaine de faire son travail, qui est de trouver les coupables et de les punir.

Aussi je séparerais clairement la sphère privée de la sphère publique. La question du pardon que j'aurais ou non à accorder à l'assassin de mes filles relève de ma conscience. C'est une affaire entre Dieu et moi. Mais en ce qui concerne le corps social, la question du pardon n'a pas lieu d'être. Si la société devait « pardonner » dans le sens où elle devrait remettre une dette aussi incommensurable que la mort gratuite et lâche de cent trente innocents désarmés, alors un nombre innombrable d'islamistes qui en veulent à la France prendront ce « pardon » comme une faiblesse et en profiteront. Sans compter que la société n'aurait plus confiance en la justice. À mon sens, à la mort d'innocents devrait correspondre la mort des coupables. Déjà, dans le feu de l'action, les terroristes qui tuent gratuitement sont souvent tués par les forces de l'ordre sans que personne ne trouve rien à redire. Qui s'est insurgé contre la mort de Mohammed Merah à Toulouse ? des frères Kouachi dans l'imprimerie de Dammartin-en-Goële ? d'Amedy Coulibaly dans l'Hypercacher de Vincennes ? de Radouane Lakdim au Super U de Trèbes ? – et j'en passe… – tous abattus par le RAID ou le GIGN. Personne, fort heureusement. Alors pourquoi faudrait-il que ceux qui en réchappent ne soient condamnés qu'à des années de prison ? Ils tuent. On les tue en retour. Ce n'est que justice.

Je suis loin d'être prompt à dispenser des jugements de vie et de mort. Je sais bien que nombreuses sont les personnes en vie qui mériteraient la mort, et nombreuses les personnes mortes qui auraient mérité de vivre. Et si on cherche qui mérite de vivre et qui ne le mérite pas, on se fait juge à la place de Dieu. Mais il me semble que, dans certains cas extrêmes, on peut dire que quelqu'un mérite la mort, selon nos critères humains. À Dieu ensuite de juger la conscience du condamné, lui qui sonde les reins et les cœurs, lui dont les critères sont peut-être, voire sûrement, autres que les nôtres.

De ce que je vois, l'Église a changé dans sa position concernant la peine de mort. Dans son catéchisme de 1983, elle l'autorisait dans des cas extrêmes, dans celui de 1997, elle ne l'excluait pas dans le principe mais dans la pratique, les cas d'absolue nécessité étant désormais rares sinon inexistants, et, en 2018, le pape François s'y est opposé de manière catégorique, faisant inscrire dans le catéchisme qu'elle était « inadmissible ». Mais je n'arrive pas à comprendre pourquoi ce qui a été considéré pendant si longtemps comme une réponse adaptée à la gravité de certains crimes ne le serait plus. Quand il n'y a aucun risque de condamner un innocent, quand le crime concerne la mort d'innocents, quand il vise la destruction de notre société, de nos valeurs, pourquoi ne pas condamner le coupable à la peine capitale ? Certains disent que cette peine n'est plus légitime parce que la détention dans un pays riche est suffisamment efficace pour garantir la sécurité des citoyens. Mais alors, au moins, que l'emprisonnement soit à vie. Pas une fausse perpétuité, avec des condamnés bénéficiant de remises de peine après une période de sûreté. D'autres disent que l'emprisonnement donne la possibilité au coupable de se repentir. Mais savoir qu'on approche de la mort ne le permettrait-il pas tout autant ? Et même, sans vouloir être cynique, la prison à vie est-elle plus enviable que la peine capitale ? D'autres encore disent que les passions violentes s'effacent avec le temps, et que ne donner aucun espoir de sortie au coupable ferait de lui un fauve. Mais le coupable a-t-il donné quelque espoir de sortie à ses victimes ? Et lorsqu'il pourra demander à sortir de prison après sa peine de sûreté, avec la possibilité de se réinsérer dans la société, la même possibilité de réinsertion aura-t-elle été donnée aux victimes – à elles qui sont mortes ? Ne compte-t-on pas trop en ce qui concerne les victimes sur une souffrance qui s'estomperait avec le temps, sur la certitude qu'elles n'auront jamais ni la capacité ni la volonté de faire justice elles-mêmes ? Ainsi raisonnent nos législateurs : « Le coupable risque de devenir un fauve en cas de peine incompressible, mais les victimes, non. Ce sont de bons citoyens dociles, jamais ils ne se révolteront. Ils sauront bien faire leur deuil. Alors pensons à la réinsertion du coupable. » Et voici encore les victimes les grands oubliés de la justice pénale.

Je crois profondément qu'aucun être humain ne peut se sentir exclu de l'amour de Dieu. Aucun condamné, même un assassin, n'est perdu à ses yeux. Mais le travail qui mène au repentir se fait entre Dieu et le coupable. L'homme mauvais sans honte ni remord reste dans les ténèbres. L'homme à l'âme torturée par ses crimes, des ténèbres vient à la lumière. C'est le mystère d'une conscience, de tout ce qui se passe entre la grâce de Dieu qui propose et la liberté de l'homme qui dispose. Mais ce n'est pas du ressort de la société qui se doit, elle, de protéger les innocents, de punir les coupables. À mon sens, il n'y a rien d'injuste à ce qu'un terroriste paie sa dette à la société par une condamnation à mort, quitte à ce qu'il se rachète aux yeux de Dieu en acceptant son sort. Comme chrétien, je suis même à souhaiter qu'il soit racheté et qu'il se rachète pour là-haut. Mais il a d'abord une dette à payer ici-bas, ce qui demande un État fort.

À mon sens, tout supporter n'est pas forcément chrétien. Supporter pour soi-même, oui. Tendre sa propre joue, oui, si on se trouve soi-même frappé et que, mû par la foi et l'amour, on accepte le martyre. Mais refuser de défendre les faibles, les laisser se faire frapper sur les deux joues, et lorsqu'ils sont frappés ne pas leur faire justice, cela n'est pas chrétien, ni même humain. Si un autre est frappé, on le défend ! On ne l'invite pas à tendre son autre joue et à pardonner. C'est trop facile. Et cela a même un nom : la lâcheté.

Jeanne d'Arc est passée non loin de chez nous. Et en cette ville d'Orléans délivrée par elle, et où Marion a fait ses études, est né Charles Péguy, un socialiste je vous prie, qui n'avait pas la langue dans sa poche, un digne héritier de Jeanne, mort au front en 14. Et Péguy a mis dans la bouche de la Pucelle ces mots :

> « Celui qui laisse faire est comme celui qui fait faire. Cela est tout un. Cela va ensemble. [...] Et quand on laisse faire, il y a le même crime ; c'est le même crime ; et il y a la lâcheté par-dessus. Il y a la lâcheté en plus. Il y a partout une lâcheté infinie. Complice, complice, c'est pire qu'auteur, infiniment pire. »

Si on en croit Péguy, un complice peut être encore plus coupable que l'acteur d'un crime, du fait de la lâcheté en plus ! Fort de son aval, j'accuse nos législateurs et l'État d'être les complices des attentats qui ont lieu sur notre sol. Et en les accusant de complicité, je les accuse d'être plus coupables que tous les coupables. Je les accuse de lâcheté. Oh ! Bien sûr, ils s'en défendent. Mais n'est-ce pas complicité que de tolérer sur notre sol des hommes et des femmes qui conspuent la France, ses valeurs, son mode de vie, son histoire ? N'est-ce pas lâcheté de laisser aux mains d'islamistes des pans entiers de notre pays ? Selon la sénatrice Jacqueline Eustache-Brinio, rapporteuse d'une commission d'enquête sur la radicalisation islamique, « aujourd'hui en France, à part l'Ouest, toutes les régions sont touchées ». À part l'Ouest, autrement dit, à part la région la plus enracinée chrétiennement...

Que les hommes à qui on a délégué le pouvoir exercent donc leur pouvoir. Il n'est pas mauvais en soi, même s'il est dangereux, corrupteur, difficile à exercer, même s'il peut tourner en domination. Mais à trop avoir peur d'exercer le pouvoir avec autorité, à trop tolérer, à ne pas vouloir dominer les forts, on assiste à l'oppression des faibles. Non, vraiment, tolérer n'est pas chrétien. Tolérer n'est même pas humain, lorsque cette tolérance devient la porte ouverte dans laquelle s'engouffrent les islamistes. Qu'attendre politiquement ? Et de qui ? Nous sommes comme ces Français du temps de la guerre de Cent Ans qui attendaient que le roi se lève pour bouter les Anglais dehors. Et c'est la Pucelle qui est venue. Sylvie et moi, nous sommes comme deux pauvres qui mendient un État fort et juste, et qui n'ont pour seule réponse qu'un État faible et divisé. Le pacifisme béat, ou plus généralement un refus de l'action, équivaut à laisser advenir l'anarchie, ou la terreur. Nous ne connaissons rien aux rouages de l'État. Mais nous constatons. On ne nous écoute pas. On nous tourne même le dos.

J'espère en pensant et en disant tout cela ne pas pactiser avec le mal. Mais en même temps j'en doute, car tout cœur humain, dont le mien, est double, sauf celui du Sacré-Cœur. Toute l'histoire du christianisme est partie de l'histoire d'un homme torturé, d'un meurtre ignominieux, du sang répandu d'un innocent. Tout mon cheminement pour moi part de l'assassinat de mes deux filles, assassinées en plein Paris par des terroristes. L'histoire du crucifié rejoint mon histoire, et mon histoire la sienne. C'est tout ce que je sais pour le moment. Et mon avancée dans la compréhension des voies de Dieu ne fait que commencer malgré mon âge.

Pèlerins sur cette terre

> Sylvie

En tout lieu et toutes circonstances, Dieu et Marie sont devenus mes confidents. Autrement, je ne serais pas en train d'écrire ma découverte de ma foi. Ils m'ont sauvé de la déprime, de la détresse. Ils ont colmaté le grand vide que j'avais au début. Ils m'ont permis de respirer à nouveau, de vivre en totale communion permanente avec les filles, de vivre apaisée par mes prières, de les sentir à mes côtés accompagnées de Dieu et Marie.

Avec Erick, notre vie a pris une tournure silencieuse, presque de méditation. Nous vivons à deux pour nous quatre. Nous sommes bien. Nos journées se déroulent en toute concordance de vue, aussi bien lors de notre marche quotidienne qu'aux moments consacrés à la lecture, ou bien encore lorsque nous travaillons au jardin, au poulailler, quand nous veillons à répondre aux besoins de mon père, de ma belle-mère. Car ma mère n'est plus, partie le 18 juillet 2019, trois ans presque jour pour jour après mon beau-père.

À la maison nous avons transformé un espace dans notre chambre en oratoire. Tournés vers cet espace que nous avons consacré à Dieu, nous lui réservons du temps le matin et le soir. J'y viens, j'y prie, j'y lis, j'y médite. J'y fais oraison. Cela m'offre une mise en présence de Dieu, un élan du cœur vers lui. Dans nos jeunes âges, Erick a été apprenti boucher et moi apprentie fleuriste. Je me retrouve apprentie de la foi, apprentie de Dieu. Je lui demande de m'apprendre à prier.

« Apprends-moi, mon Dieu, tout ce que tu as envie que je sache. Enrichis mon âme, mon cœur, mon intérieur, pour que lorsque tu me jugeras prête, tu fasses exploser mon amour pour aider d'autres mamans encore plus tristes que moi. »

En réalité, nous mènerions une vie quasi monastique s'il n'y avait notre couple, les amis, la paroisse, les pèlerinages. Ceux-ci nous ont permis de rencontrer des frères et sœurs dans la foi, de découvrir des hauts-lieux chrétiens, d'aller là où Dieu s'est plus clairement manifesté, dans la vie d'un saint ou d'une sainte. Nous pérégrinons alors, non pas tant pour l'exaucement d'une prière personnelle que pour vivre la communion avec un peuple, l'Église, qui adore son Seigneur et implore ses grâces pour tous. Lorsque nous partons, nous réalisons que nous sommes des nomades sur cette terre, en transit. Si Dieu est venu à nous, nous ne sommes pas pour autant installés, ni arrivés. Nous sommes en quête. On chemine, les yeux de la foi grands ouverts, porteurs du désir de rencontrer le Ressuscité. Nous ressentons le besoin de nous déplacer, de toucher une grotte, un gisant, de voir et de nous incliner devant des reliques, de boire l'eau d'une source, pour, à travers notre corps, accéder à la paix du cœur, au pardon, à une vraie fraternité.

C'est ainsi que fin avril 2018 par exemple, nous sommes partis à Rome en compagnie de la communauté Saint-Martin de notre paroisse. Nous étions entourés de prêtres et de diacres. Nous espérions que les prières du matin et du soir, entourés de pèlerins, les échanges, les visites nous permettraient de sortir de notre coquille. Et c'est ce qui est arrivé. Pour Erick et pour moi, ce fut une véritable découverte, non seulement par nos conversations, le partage de nos expériences de foi, des repas et des sorties, mais également par cette quête commune et personnelle d'un « quelque chose » qui nous échappait.

À Rome, on touche du doigt les premières persécutions de masse. Les vestiges chrétiens des premiers siècles y sont nombreux : les catacombes, la prison Mamertine où fut emprisonné l'apôtre Pierre, l'obélisque de la place Saint-Pierre venu du cirque Caligula où il fut martyrisé et tant d'autres chrétiens avec lui, sa tombe sous la basilique Saint-Pierre, le lieu où fut décapité Paul, etc. Que d'empereurs, à partir de Néron en l'an 64 jusqu'à Dioclétien au début du IVe siècle, ont accusé, poursuivi, martyrisé les chrétiens alors qu'ils ne demandaient qu'à vivre en paix !

Un chrétien de la fin du IIe siècle a décrit dans une lettre comment les chrétiens vivaient, comment on les percevait. Elle demeure d'une douloureuse actualité. Rien n'a changé en dix-neuf siècles :

> Les chrétiens ne se distinguent des autres hommes ni par le pays, ni par le langage, ni par les coutumes. Car ils n'habitent pas de villes qui leur soient propres, ils n'emploient pas quelque dialecte extraordinaire, leur genre de vie n'a rien de singulier. [...]
> Ils habitent les cités grecques et les cités barbares suivant le destin de chacun ; ils se conforment aux usages locaux pour les vêtements, la nourriture et le reste de l'existence, tout en manifestant les lois extraordinaires et vraiment paradoxales de leur manière de vivre. Ils résident chacun dans sa propre patrie, mais comme des étrangers domiciliés. Ils s'acquittent de tous leurs devoirs de citoyens, et supportent toutes les charges comme des étrangers. Toute terre étrangère leur est une patrie, et toute patrie leur est une terre étrangère. Ils se marient comme tout le monde, ils ont des enfants, mais ils n'abandonnent pas leurs nouveau-nés. Ils prennent place à une table commune, mais qui n'est pas une table ordinaire. Ils sont dans la chair, mais ils ne vivent pas selon la chair. Ils passent leur vie sur la terre, mais ils sont citoyens du ciel. Ils obéissent aux lois établies, et leur manière de vivre est plus parfaite que les lois. Ils aiment tout le monde, et tout le monde les persécute. On ne les connaît pas, mais on les condamne ; on les tue et c'est ainsi qu'ils trouvent la vie. Ils sont pauvres et font beaucoup de riches. Ils manquent de tout et ils ont tout en abondance. On les méprise et, dans ce mépris, ils trouvent leur gloire. On les calomnie, et ils y trouvent leur justification. On les insulte, et ils bénissent.

> On les outrage, et ils honorent. Alors qu'ils font le bien, on les punit comme des malfaiteurs. Tandis qu'on les châtie, ils se réjouissent comme s'ils naissaient à la vie. [...]
> En un mot, ce que l'âme est dans le corps, les chrétiens le sont dans le monde. L'âme est répandue dans membres du corps comme les chrétiens dans les cités du monde. L'âme habite dans le corps, et pourtant elle n'appartient pas au corps, comme les chrétiens habitent dans le monde, mais n'appartiennent pas au monde. [...]
> L'âme aime cette chair qui la déteste, ainsi que ses membres, comme les chrétiens aiment ceux qui les détestent. L'âme est enfermée dans le corps, mais c'est elle qui maintient le corps ; et les chrétiens sont comme détenus dans la prison du monde, mais c'est eux qui maintiennent le monde. L'âme immortelle campe dans une tente mortelle : ainsi les chrétiens campent-ils dans le monde corruptible, en attendant l'incorruptibilité du ciel. L'âme devient meilleure en se mortifiant par la faim et la soif ; et les chrétiens, persécutés, se multiplient de jour en jour. Le poste que Dieu leur a fixé est si beau qu'il ne leur est pas permis de le déserter[1].

C'était au IIe siècle, au milieu des persécutions. Puis le christianisme est devenu la religion officielle et l'Église s'est développée. Mais voici que le temps des persécutions a repris. « Au terme du IIe millénaire, l'Église est redevenue une Église de martyrs », a affirmé le pape Jean-Paul II. Et le début du IIIe ne voit pas d'accalmie.

1. De la *Lettre à Diognète*, nos 5-6 (Funk, 1, 317-321)

Vraiment, plus que jamais, je sens que la chrétienne que je suis est en pèlerinage sur la terre. Ma vraie patrie est au ciel. Je suis en route, marchant sur un chemin nommé Jésus. « Je suis le chemin, la vérité et la vie », dit Jésus (Jn 14,6). Unie au Christ assis dans les cieux, je marche vers la patrie à laquelle nous appartenons au plus profond de notre cœur. Je demande à vivre de son Esprit Saint, qu'il vienne nous remplir de sa lumière, de son amour et de sa force. Je demande, sur moi et tous les autres chrétiens confirmés, ses sept dons sacrés : la sagesse qui fait goûter la présence de Dieu, l'intelligence qui aide à entrer dans le mystère de Dieu, la science qui permet de reconnaître Dieu à l'œuvre dans la nature et dans l'histoire, la force qui donne de persévérer dans l'épreuve et le courage de témoigner, le conseil qui dispose à voir clair en soi et dans les autres, à savoir ce qu'il convient de faire ou d'éviter, de dire ou de taire, la piété qui fait expérimenter la paternité de Dieu, sa justice et sa miséricorde, la crainte qui n'est pas la peur de Dieu mais le sens de sa grandeur, suscitant de notre part humilité et émerveillement. Je demande à l'Esprit de Dieu qu'il vienne renouveler la face de la terre tant ce monde dans lequel nous cheminons cahin-caha est déchiré par la haine et la guerre fratricide.

Au lieu d'une communauté d'amour, on trouve irrespect, incivilité, confrontation, violence aveugle. Tellement d'obscurité nous habite, et si peu d'amour, qu'il est évident que le royaume de Dieu n'est pas établi. La Rome que nous visitons me renvoie à l'Église en germe, sujette aux persécutions. Mais d'autres monuments, les plus grandioses surtout, me plongent dans ces moments de l'histoire où elle était toute-puissante, et où elle en a abusé. L'histoire de l'Église n'est pas rose non plus, mais si je m'insurge contre les scandales, je ne me laisse pas troubler par eux : je sais qu'en elle, toujours, des saints et des saintes ont su malgré tout y trouver le Christ et l'aimer comme son Épouse « acquise au prix de son sang » (Ac 20,28).

Le mercredi, comme plusieurs milliers d'autres pèlerins venus du monde entier, nous assistons à l'audience générale du pape François sur la place Saint-Pierre. Quelques nuages cachent le soleil mais la place est baignée de couleurs avec des gens en habits folkloriques, d'autres agitant les drapeaux de leur pays, leur région, leur paroisse. De grands écrans, placés aux quatre coins de la place, permettent à tous les pèlerins de suivre l'audience au plus près. Le pape parle en italien, mais ses propos sont traduits ou résumés en plusieurs langues dont le français. Il nous parle du baptême :

« L'adhésion au Christ est un choix responsable qui exige d'être traduit en gestes concrets de confiance en Dieu. Ils ne sont pas limités à l'instant du baptême : la renonciation au péché, à Satan, et la profession de foi de l'Église sont deux attitudes qui accompagnent toute la croissance et la maturation de la vie chrétienne. »

Combien je me sens rejointe, tant je fais des actes de confiance de manière constante ! À la fin de l'audience, la foule tout entière se lève et chante le Notre Père d'une seule voix en latin. Ce moment est si émouvant que je me mets à pleurer. En même temps, je pense aux filles qui m'ont conduite ici, à Rome, sur cette immense place, face au pape. C'est alors que j'ai vraiment compris que nous n'étions pas seuls dans notre foi, que rien n'était perdu, mais qu'il nous faudrait à tous du courage pour résister aux fléaux meurtriers et incendiaires de notre temps. Même si je suis bien une pèlerine sur cette terre, je ne dois pas juste la traverser tournée vers ma souffrance, mais tendre la main vers ceux qui sont au bord du chemin, comme de si nombreuses personnes me l'ont tendue quand je m'y trouvais moi-même, accablée de chagrin.

Commercer avec Dieu

> Erick

Je suis un commerçant. Toute ma vie, j'ai été dans le commerce. Acheter, transformer, revendre a été mon travail en boucherie-charcuterie. Mais le commerce n'est pas que du mercantilisme. Commercer avec des gens, c'est aussi échanger avec eux des nouvelles, papoter, s'entraider.

Il y en a qui travaillent comme ils dévorent. Ils ne prennent pas le temps de savourer, d'échanger, de commercer dans le sens noble du terme. À quoi aboutissent-ils en fin de compte quand tout s'arrête ? Au vide. Ils ont cherché par la boulimie de travail à masquer leurs manques, leurs insatisfactions, à combler par l'argent leur pauvreté foncière. Au lieu de simplement subvenir aux besoins de leur famille, ou d'exercer leurs talents au maximum de leurs capacités pour aider en retour, ils accumulent pour exercer un pouvoir sur les autres, en pensant qu'on peut tout acheter. Mais le peut-on ? Dans une société où l'argent est roi, tout porte à le penser.

Et pourtant ? On n'achète jamais que des contrefaçons qui n'apportent aucune joie durable. Une maison s'achète, pas un foyer ; une montre, pas le temps ; un lit, pas le sommeil ; un procès, pas la justice ; une médaille, pas l'honneur ; du sexe, pas l'amour ; des médicaments, pas la santé ; un lopin de terre, pas le ciel. Et surtout, le bonheur ne s'achète pas.

Habités par un plaisir insatiable, les perpétuels insatisfaits crient « encore, encore » alors qu'il leur suffirait de s'arrêter et d'ouvrir les yeux pour se rassasier de la beauté du monde. Le businessman cramoisi du *Petit Prince* est trop occupé à compter les étoiles – qu'il croit posséder – pour s'en émerveiller. Avant le 13-Novembre, je pouvais travailler tout en admirant, faire du commerce tout en commerçant avec les uns et les autres. J'ai toujours été simple, direct, certains diraient naïf, un être sensible derrière mon côté bourru. Il restait quelque chose des joies de mon enfance. Mon père travaillait dur la vigne, un boulot qui n'est plus accepté de nos jours que par des saisonniers venus des pays de l'Est, comme on peut le voir chez nous à Monthou. On possédait beaucoup moins qu'aujourd'hui, mais on avait du temps pour les autres, et il était inconcevable de ne penser qu'à soi. Le travail avait un sens : servir sa famille. Elle en dépendait.

Peut-être la pauvreté encourageait-elle l'esprit de service ? Quand je regarde en arrière, il me paraît évident que mon bonheur d'enfant n'était pas dû à l'argent ou aux cadeaux. C'est l'amour et la générosité de mes parents qui me rendaient profondément heureux. Mais on ne comprend ce genre de choses que plus tard, une fois devenu adulte. Ce bonheur de donner, de servir les autres, de m'émerveiller de tout geste gratuit, je l'ai gardé durant ma vie d'adulte. Mais depuis le 13-Novembre, j'ai perdu la spontanéité de la simplicité. Vais-je devenir cynique ? être dans une attitude comptable avec Dieu : « Allez, j'ai assez payé, il est temps d'être payé en retour » ? Mais on n'achète pas Dieu. On ne négocie pas avec lui. Ne serait-ce que parce que nous sommes des débiteurs éternellement insolvables. Nous lui devons tout. « Qu'as-tu que tu n'aies reçu ? » nous dit-il.

Je m'en rends compte dans mes prières. Commercer avec Dieu relève d'un échange bien différent de celui qu'on peut avoir de fournisseur à client. Peut-être y a-t-il encore des croyants qui commercent avec Dieu comme dans les temps anciens : « Je te donne deux colombes, un bélier, un bœuf, et tu me donnes quelque chose en échange : la santé, la guérison, la fécondité. » Mais de ce commerce-là, Dieu n'en veut pas. Il n'est pas à la recherche du juste prix. Et nous ne devons pas l'être non plus. Dieu donne largement, au-delà de ce qu'on peut imaginer. Et il donne non pas pour que nous gardions pour nous, ni que nous lui rendions, mais pour que nous partagions ses dons. Il souhaite une relation gratuite, désintéressée. En fait, on pourrait dire qu'il souhaite commercer avec nous d'ami à ami, à l'exemple de nos amitiés humaines.

Avec Jean par exemple, je vis une amitié de plus de soixante ans. J'avais dix-huit ans, travaillant à Tremblay-en-France, alors dénommée Tremblay-lès-Gonesse. Une Renault tombe en panne devant la boucherie. Je vais aider.

Notre amitié a commencé là pour ne jamais s'arrêter, et grandir même. On peut compter l'un sur l'autre dans les bons moments comme dans les coups durs. Nos échanges sont gratuits. Avec Jésus c'est un peu pareil. « Je ne vous appelle plus serviteurs mais amis », nous a-t-il confié. Il a enlevé la distance qui sépare un serviteur de son maître. Bien que nous soyons pécheurs alors qu'en lui ne règne nul péché, il nous fait ses amis. Il entretient avec chacun de nous une relation personnelle, dans la spontanéité du cœur et dans la liberté. Je trouve fou de pouvoir converser avec Jésus de manière si gratuite ! Dans les rares moments où je reviens à la joie innocente de l'enfant, il m'arrive de souhaiter que tous puissent en bénéficier. Tous. Mais ces moments sont si rares…

Écouter et servir

> Sylvie

Quelle est ma mission dans le monde maintenant que les filles ne sont plus, que ma mère est partie, que seuls restent mon père et ma belle-mère ? Lorsque je lis les Évangiles, je suis impressionnée par le silence de Marie. Ce silence devient pour moi un exemple à suivre. Elle m'invite à être d'abord silencieuse avec les autres, à les écouter. Écouter n'est pas équivalent à se taire. Ne rien dire n'est pas difficile, écouter les autres si. On quitte son univers pour entrer dans celui que l'autre donne à voir et à entendre. Plus encore après qu'avant les attentats, les blablas, les commérages, les mesquineries m'insupportent. Mais ma sensibilité est devenue telle que si je prête l'oreille de mon cœur, derrière le blabla je peux entendre le vide d'une vie, derrière les mesquineries une souffrance.

D'autres écoutes apportent de la joie tout en labourant le cœur. C'est ce qui m'est arrivé un certain samedi d'août à la grande brocante d'Amboise. Ce jour-là, nous étions parties, Corine et moi, dès dix heures pour Amboise, à une demi-heure de la maison en voiture. Je déambulais le long des stands installés sur les quais de la Loire. Je cherchais quelque chose sans trop savoir quoi, toujours avec les filles dans mes pensées. Je fouinais, et voici que je trouve une jolie petite statue en grès de sainte Anne. Je l'achète. Elle trouvera place dans la niche du mur extérieur de la maison. Un peu plus loin, mes yeux s'arrêtent sur un livre minuscule, relié en plein maroquin vert, avec le dos à nerfs et les tranches dorées. Je l'ouvre. Le titre en est *Petit mois de Marie ou sentiments du cœur de la Vierge immaculée dans les différentes phases de sa vie*. Entrer plus avant dans les sentiments qui furent ceux de Marie tout au long de sa vie, dans tous les chamboulements de la Sainte Famille, depuis l'attente de son fils jusqu'à sa perte sur la croix, ses retrouvailles après la résurrection, sa présence maternelle auprès de l'Église naissante, voilà qui m'attire tant je souhaite me mettre à son école et à son écoute. Par la prophétie du vieux Syméon – « ton âme sera traversée d'un glaive » –, Marie pouvait s'attendre au pire. Moi pas, j'ai été prise au dépourvu. Quoique. J'étais persuadée de ne jamais devenir grand-mère. Pourquoi ? Pressentais-je quelque chose ?

« Ô Marie, nous avons subi une tristesse, une solitude, une angoisse si semblables. Comme nous nous comprenons, mon Amie. Comme tu me réconfortes et comme je voudrais te réconforter… » Adjugé, ce petit livre de dévotion est pour moi. Et je repars toute contente de mes deux achats.

Après avoir déjeuné dans une crêperie, nous nous promenons dans la ville qui regorge de monde en ce mois estival. Soudain, en passant sous le vieux porche du château, j'entends une voix qui ne m'est pas inconnue ! Aurélie est là, devant nous, avec son chien ! Quel bonheur de la retrouver !

« Oh, les filles, vous nous faites des cachotteries ! »

On tombe dans les bras l'une de l'autre et partons fêter cette rencontre à une terrasse de café, face au château. Je ne suis plus à l'aise en un tel lieu, mais pas Aurélie bien qu'elle y ait frôlé la mort. Mais elle me fait vite oublier ce triste sentiment par sa joie de me revoir. Elle parle beaucoup, de ses projets, de ses amours, de sa vie tout simplement ! Je l'écoute tout en pensant aux filles. Elle me dit que, souvent, Anna lui fait des clins d'œil, comme ça, pour ne pas les oublier. Ma vue alors se dédouble. Et à l'intérieur de moi, je vis comme un nouveau déchirement. Il me faut faire un effort pour l'écouter, elle, et non pas ma douleur. Et j'en viens à me réjouir pour elle. Elle manifeste beaucoup de courage, prend la vie du bon côté malgré tout ce qu'elle a subi physiquement et psychologiquement. Sûrement que, tout comme moi, elle montre une image positive d'elle-même, et je l'admire pour cela. Elle rit, tout heureuse. On parle des filles et elle me transmet un instant sa joie de vivre. Je retrouve mes puces en elle. Elle a la même volonté de vivre sa vie, de ne pas la subir, de vouloir en être maître. Le temps passe. Toujours ces heures qui défilent trop vite parfois. Nous nous séparons toutes contentes de ce moment partagé. Nous repartons en Twingo – celle d'Anna – vers la maison. Certes, le fait que la grand-mère d'Aurélie habite Amboise n'est pas pour rien dans notre rencontre de l'après-midi. Mais je ne peux m'empêcher de penser que les filles ont préparé leur coup en voulant nous faire plaisir à toutes... Eh bien c'est gagné, mes trésors.

Arrivés à Monthou, tout en se réjouissant de cette journée sous le signe de notre rencontre avec Aurélie, Corine et Jean repartent à Paris pour leur travail. Et nous voilà de nouveau seuls, Erick et moi. Grâce à Dieu, qui nous a permis de nous aimer tendrement, maintenant et plus que jamais, nos silences en disent long sur nos pensées. Nous retournons à l'écoute mutuelle, à celle de Dieu. Nous taisons toute agitation qui ne servirait à rien d'autre qu'à masquer une angoisse. Nous faisons silence pour écouter Dieu parler.

La prière est une musique.
La prière est un silence.
La prière est un don de soi.
La prière est une grâce de Dieu à Dieu.
La prière est écoute avant d'être parole.

Écouter avant de parler. Cela vaut pour la prière comme pour les conversations humaines. Plus encore, l'écoute des autres peut découler de celle de Dieu. Un jour d'hiver, j'ai appris par une belle leçon de vie à ce sujet. C'était un samedi soir. Nous devions aller à la messe. Alors que nous démarrons, nous réalisons qu'un pneu est dégonflé. Nous retournons à la maison, prenons les clés de l'autre voiture. Et au moment de monter en voiture, un cri.

Nous nous précipitons dans sa direction. C'est ma belle-mère Simone qui est sortie et a glissé sur le sol mouillé. Nous la relevons, la ramenons chez elle, enlevons ses vêtements boueux, nettoyons ses plaies. Heureusement, rien de cassé. Mais je suis intérieurement très en colère. Il est trop tard pour la messe. J'en pleure. Mais les minutes passent et je me calme. Plus encore, je remercie Dieu. Je réalise mon égoïsme. N'aurions-nous pas été là, elle serait restée plus de deux heures en pull dans le froid, étalée par terre. Ne pas rendre service revient à ne pas écouter la souffrance de l'autre. Se détourner du prochain pour se tourner vers Dieu revient à se détourner de Dieu. N'est-ce pas là, poussé à l'extrême, le péché des islamistes ? Pour lui, au nom de Dieu, l'homme n'est rien. Alors que pour le chrétien, à servir l'homme, on fait ce que Dieu a fait sur la terre.

Plus tard, je tomberai sur l'extrait d'une lettre de saint Vincent de Paul adressée à ses religieuses qui me confirmera dans cette voie :

> « Il faut [...] de la mortification pour ne pas faire ce que vous voudriez. Au lieu d'aller à la messe, demeurez auprès de ce malade. Voilà l'heure de l'oraison. Si vous entendez les pauvres qui vous appellent, mortifiez-vous et *quittez Dieu pour Dieu*, encore qu'il faille faire tout ce que vous pourrez pour ne point omettre votre oraison, car c'est ce qui vous tiendra unies à Dieu ; et tant que cette union durera, vous n'aurez rien à craindre. »

J'aimerais aider les plus tristes que moi, ceux qui n'arrivent pas à surmonter leur douleur et qui, surtout, n'appellent pas Dieu à leur secours. Je suis sûre que les filles seraient heureuses que je sorte de ma carapace, que je ne vive plus pour moi-même, elles qui étaient si avenantes pour tout le monde. Je me sens tellement une privilégiée, d'avoir été appelée par Marie, trouvée par elle, emmenée vers elle grâce à mes deux grandes filles. La foi n'est pas faite que de prières, elle est faite d'actions, aussi et surtout. Je demande à être « propre » dans mes pensées, mes paroles et mes actes, si peu nombreux soient-ils. Pour l'instant, je n'ai pas trouvé comment exprimer ma foi concrètement, dans quelles œuvres. Mais je sens que Dieu dessine sa route à l'intérieur et moi et qu'un jour elle « explosera », s'extériorisera. Si je ne sais plus quelle personne je suis, ni laquelle je serai, je sais que je suis en train de naître une deuxième fois. Le temps de ma jeune vie où j'avançais pour le plaisir des filles, où tout tournait autour d'elles, n'est plus.

Extérieurement je puis être dans l'obscurité, intérieurement je suis dans la lumière. Elle a pour origine l'amour de Dieu et pour finalité l'amour du prochain. J'aime quand je réalise une bonne action parce que je sais que Dieu me la dicte, quand j'ai une bonne pensée à l'égard de quelqu'un, car je sais qu'Il me l'inspire.

La force de l'amour

> Erick

Rencontre amoureuse à Paris en 1984, fuite de la capitale ensemble, arrivée à Pontlevoy et installation dans ses anciens abattoirs en 1985, mariage en 1987, naissance de Marion en 1988, puis d'Anna en 1991. Que les premières années de notre vie de couple ont été heureuses ! On se lance à deux sans savoir ce que la vie va nous réserver. On se laisse porter. Et en même temps on sait que la vie ne se bâtit pas toute seule. On la construit ensemble. On la modèle.

La vie de couple est une vie d'échange. J'entends dire autour de moi « jamais je ne pourrais travailler avec ma femme », ou l'inverse « ni moi avec mon mari ». Mais pour nous il était naturel de tout partager dans notre couple, jusqu'à notre travail. Ainsi était-ce dans nos familles. Sylvie est venue à mon métier, j'aurais pu tout aussi bien venir au sien. Seule la perspective de pouvoir nous installer plus facilement nous a fait choisir de continuer en couple comme charcutiers-bouchers plutôt que comme fleuristes. Il me paraissait inimaginable de ne pas travailler avec la femme que j'épousais. Nous avons cheminé ainsi, partageant tout : joies, fatigues, projets. Travailler ensemble nous a rendus attentifs à l'autre, à ses besoins, en toutes circonstances. Chacun admire l'autre pour ce qu'il est et ce qu'il sait faire. Chacun est pour l'autre son confident dans des moments de faiblesse. De voir sa moitié du matin au soir au travail, du soir au matin à la maison, pendant les week-ends, les vacances n'a pas émoussé chez nous le plaisir que nous avions à être et à vivre ensemble. Là où certains pourraient trouver la routine usante, nous la trouvions rassurante. Mais dans nos têtes et dans nos journées, les priorités étaient bien déterminées. Si notre travail de commerçants prenait, certes, beaucoup de notre temps, les filles devenaient prioritaires dès lors que nous fermions la boutique. Nous nous devions de nous occuper d'elles avec amour, comme tout parent qui se respecte. Seul l'Amour sincère et vrai fait de belles choses.

Les filles buvaient la vie. Elles prenaient tout de la modernité. Marion était éprise de liberté. « Vous me mettez en prison », nous a-t-elle dit quand on l'a mise demi-pensionnaire à l'école libre, à Blois, au milieu de ses années de collège. Mais ces années ont été fondatrices. Elle s'est lancée dans des études de musique où, pour atteindre la liberté de création et d'interprétation, il faut passer par la rigueur du solfège et de l'apprentissage. Par les concerts à donner ici et là, elle en est venue à fréquenter les églises, à en apprécier l'architecture et l'atmosphère, et même à lire un peu la Bible. Elle cheminait vers la vraie liberté.

Anna n'est pas passée par le collège public à Montrichard avant Sainte-Marie à Blois. Elle est entrée à l'école catholique directement, dès ses douze ans. Elle était plus croyante que Marion, jusqu'au jour où, comme je l'ai déjà dit plus haut, une de ses amies s'est suicidée en se jetant sous un train. Elle n'est pas morte sur le coup et Anna est allée la voir à la clinique… complètement disloquée. Elle en a tellement été marquée qu'elle a tout arrêté. Elle dit ne plus croire en Dieu. C'est un âge où devant l'incompréhensible on se révolte. « Dieu ne peut pas permettre cela ! » Il est difficile de penser que Dieu ne le veut pas non plus. Même pour nous, il faudra la mort de nos deux filles pour nous faire prendre conscience de la misère d'un monde sans Dieu et entrer plus avant dans le mystère du crucifié. Avec ou sans Dieu, Anna réussissait tout. Mais quand elle est devenue graphiste, elle ne trouvait pas de travail en France. Dégoûtée de ne trouver que des stages à 400 euros par mois, elle est partie à l'étranger, comme tant d'autres jeunes Français qui tentent leur chance ailleurs.

Nous étions fiers de nos filles. Surtout, nous les aimions même lorsque nous n'étions pas d'accord avec elles. Il y avait bien ces incompréhensions liées à l'appartenance à deux générations différentes. Je ne peux pas dire que nous comprenions l'intérêt d'Anna d'aller avec son amie Eugénie voir les films d'Almodovar et les concerts de Madonna. Il y avait aussi ces différends liés à deux conceptions de la nature humaine. Anna n'avait pas hésité, lors des manifestations de 2012 contre le mariage pour tous, à poster sur son site Web des affiches pour une campagne contre l'homophobie. Nous en débattions. Nous restions campés sur nos positions. Mais cela ne diminuait en rien l'amour que nous nous portions. Nous étions fiers de leur propre fierté. Comment ne pas l'être lorsqu'Anna, par exemple, en stage chez Reporters sans frontières, nous annonce que l'affiche qu'elle a créée pour promouvoir l'album des photos de l'artiste Ai Wei Wei va se trouver exposée par 4 mètres sur 3 dans le métro !

Cette fierté de parents rejaillissait sur notre vie de couple, le fruit d'une réussite commune, d'un travail d'équipe. Nous allions en récolter les fruits. En ce qui concerne le travail, je devais prendre ma retraite à cinquante-huit ans. J'ai décidé de continuer en attendant un acquéreur, de travailler jusqu'à l'âge où Sylvie devait prendre la sienne. Durant ces dernières années, comme je le dis avec humour, « j'ai été sous les ordres de madame. Le sacrifice vient toujours du côté des hommes… » Plus sérieusement, tout sacrifice, s'il est pour maintenir la paix, on l'accepte. Il y a toujours un terrain d'entente. En donnant et en recevant, on trouve un équilibre. Mes parents et mes grands-parents s'entendaient bien. Il me paraissait naturel que cela soit le cas pour nous, et de faire le nécessaire pour que ce le soit.

Par le mariage, nous voulions vivre une communion pour la vie. Nous savions nos cœurs mutuellement consacrés l'un à l'autre. Nous nous étions engagés à traverser la vie ensemble, dans le bonheur comme dans les épreuves. Nous étions unis pour le meilleur et pour le pire. Le bonheur n'a pas manqué puisqu'une année après notre mariage Marion est née, et ensuite Anna. Les épreuves non plus, puisque nous voulions quatre enfants et que nous en sommes restés à deux à cause de ce cancer de l'intestin qui m'a tant fait craindre pour l'avenir… Mais la mort soudaine et simultanée de nos filles, et de cette façon si lâche et traîtresse, est vraiment « la grande épreuve », une épreuve que jamais nous n'aurions pu imaginer. Elle dépasse l'entendement. Pourtant elle n'a pas mis à mal notre couple. Il en sort soudé, plus que jamais. Dans un premier temps, j'ai moins peiné que Sylvie, car je tenais Anna et Marion pour rappelées auprès du Seigneur. Et puis Sylvie est venue à une foi plus ardente, plus sensible aussi, loin de mes idées bien arrêtées. Elle tempère mes propos intempestifs. Quand je m'emporte et que je veux guillotiner tous les islamistes, chasser hors de France tous les musulmans, elle sourit d'un air entendu, tout plein d'amour, et la pression baisse subitement. Je dois reconnaître maintenant que sans l'amour et le soutien indéfectible de Sylvie, la haine continuerait son travail de sape en moi. J'aurais sombré peut-être dans le rejet de tout ce qui est humain.

Notre amour est fait de silences aussi. Plus besoin de tant se parler. Notre communion est le plus souvent silencieuse. On parle rarement des filles entre nous, sauf quand on vient nous demander un reportage, quand on ressort des archives, des photos, des objets, qui nous font replonger dans notre douleur. On n'en parle pas, mais elles sont toujours là avec nous. On se lève le matin avec elles à l'esprit, on s'endort le soir avec elles de même. Pour elles, nous restons unis, Sylvie et moi, sans nous poser trop de questions, reposant l'un sur l'autre. C'est notre force à nous deux. La force de notre amour.

L'amour conjugal nous soutient. L'amour parental aussi. Car notre amour pour les filles n'a pas disparu. Prierions-nous pour elles, avec elles, par elles, s'il n'était pas là ? Certains amis de longue date, quand ils viennent à la maison, disent qu'elle respire les filles ! Et c'est vrai, puisqu'elles sont là avec nous. L'amour entre nous quatre qui a été notre pilier n'a en rien changé depuis, sinon qu'il est englobé dans l'amour qu'est Dieu. Dieu est amour. Il n'est qu'amour, rien d'autre. Il ne sait qu'aimer. Et aimer c'est tout donner.

« Aimez votre femme à l'exemple du Christ, qui a aimé l'Église », exhorte saint Paul (Ep 5,25). C'est dire jusqu'où on peut être appelé à aimer, car l'Église pour le Christ, c'est toute l'humanité qui accepte l'amour de Dieu et d'aimer en retour. Il a aimé et aime chacun jusqu'au bout, jusqu'à lui donner sa vie. Depuis notre première rencontre, à Sylvie et moi, nous savions que l'amour ne se réduisait pas aux sentiments, ni au plaisir que l'on peut éprouver par l'autre et pour l'autre, mais qu'il est dans le don de soi. Depuis la mort de nos filles, mon projet de vie désormais consiste à soutenir Sylvie chaque jour, continuer ce chemin du don de moi-même pour Sylvie tout aussi blessée que moi. Nous sommes devenus deux êtres blessés à mort nous soutenant l'un l'autre. Ce soutien renforce nos liens. Certains jours, lorsque je vois Sylvie triste, je m'approche d'elle et je lui dis doucement et amoureusement :

« Ne pleure pas, on ne peut pas revenir en arrière. Il faut être forts, ensemble, pour elles. »

Ces paroles sont bien banales et je suis tout aussi faible que Sylvie en ces moments-là, et pourtant elle retrouve le sourire. L'amour qui nous unit nous redonne force. Et lorsque vient mon tour de ne pas aller bien, de perdre pied, d'être trop taciturne, Sylvie vient me réconforter à son tour en me disant :

« Tu sais, tant que nous sommes là, on peut avoir l'impression que nos filles ne vivent que dans nos souvenirs. Mais, grâce à Dieu, elles sont entre de bonnes mains, vivantes, et elles vivent avec nous. »

Et je ne peux que répondre : « Tu as raison, ma puce. »

La mort est une porte à franchir à une heure qui ne nous appartient pas. Et si le passage a eu lieu à une même heure pour nos filles, il n'en sera normalement pas de même pour nous. L'un survivra à l'autre. Ce qui demeurera de notre amour sera la part traversée par l'amour de Dieu. Du temps nous est accordé pour la faire grandir. L'amour chasse la peine.

Sous le manteau protecteur de la Vierge Marie

> Sylvie

Cinq années se sont écoulées. Comme notre foi a grandi ! Nous sommes pleins d'espérance et avides de recherches. Notre foi aspire au calme. Parfois, il est si prégnant que la tristesse et la mélancolie s'installent. Mais alors je prie et reviens à la raison grâce à la prière.

Le cinquième anniversaire du 13-Novembre approche. En cette année 2020 la date tombera un vendredi, comme en 2015. Je désire d'autant plus une belle cérémonie. Pourquoi ne pas retourner à Montligeon pour une troisième fois, avec la paroisse ? La première fois, en 2018, on s'était dit que cela ne pouvait nous faire que du bien, après tout ce que nous avions vécu. Et cela est arrivé. L'année suivante, la basilique avait été tout aussi bondée. La joie transpirait, fruit du soutien mutuel dans la prière.

Et à l'issue du pèlerinage, les témoignages avaient été magnifiques. J'en cite quelques-uns :

« Ici, on investit sur l'éternité ! »

« Je me suis converti sur le lit de mort de maman. »

« Nous sommes venus pour prier tous les défunts de la paroisse et des familles. Nous en avons fait une liste nominative. »

« Mon fils unique s'est suicidé à l'âge de dix-sept ans. Je me posais plein de questions. Je culpabilisais. Qu'ai-je fait ou qu'ai-je raté pour qu'il en arrive à une telle extrémité ? Comment n'ai-je rien vu venir ? Est-il sauvé ? Ici, j'ai enfin trouvé un peu de paix. »

« C'est la quatrième fois que je viens à Montligeon. L'année dernière j'ai fait ma promesse de prier pour les âmes du purgatoire. Depuis un an, je prie donc tous les jours pour elles et je fais un chapelet par mois. »

« Je viens pour les défunts de ma famille et toutes les âmes du purgatoire. »

« Je pense toujours à ma mère, décédée il y a soixante-cinq ans, alors que j'étais enfant. »

« On prie Marie. On s'arrête. On la regarde. On sent sa tendresse. »

« J'ai toujours regretté de n'avoir pas pu accompagner, ou d'avoir mal assisté, ou d'avoir même fui des personnes de ma famille à la fin de leur vie. Venir et prier est une occasion de me mettre en règle avec elles, de leur demander pardon, d'être avec elles. »

« Je ne pleure jamais à la messe. Ici j'ai pleuré. Et je n'en ai pas honte. »

« J'aime cette ferveur populaire. Elle est belle. »

« Les âmes du purgatoire sont nos frères et sœurs dans le Christ. Comment les oublier ? »

« Ce sanctuaire nous rend l'espérance. »

Donc oui, y retourner pour une troisième fois avec notre paroisse serait un baume pour le cœur. Mais voilà que le président de la République instaure un deuxième confinement d'au moins quatre semaines. Dans la foulée, le pèlerinage est annulé. Nous sommes anéantis. Mais le bon Dieu nous manifeste son immense bonté et délicatesse lorsque Don Paul Denizot, le recteur du sanctuaire, nous téléphone :

« Les rassemblements sont interdits mais les églises sont autorisées à rester ouvertes. Comme le pèlerinage des 14 et 15 novembre devait être dédié à la prière pour les victimes du terrorisme et de la violence, nous vous invitons. Mais il n'y aura pas l'ambiance festive et fervente habituelle des grands pèlerinages. Vous serez les seuls laïcs présents. La veillée et la messe seront retransmises en direct sur Youtube. Acceptez-vous de venir ? »

Nous retrouver comme des solitaires dans l'immense sanctuaire tout en bénéficiant de la prière des sœurs et des prêtres résidents ne nous fait pas peur. Nous acquiesçons à sa requête.

Arrivés à dix-huit heures le samedi, Don Paul nous accueille chaleureusement et nous conduit à notre chambre. L'ensemble des bâtiments offre assez de place pour assurer sept cents repas et proposer trois cents lits en maisons familiales, en chambres, en dortoirs. Tous deux seuls dans un des bâtiments des hôtes, celui-ci n'en paraît que plus grand. Nous disposons d'une heure devant nous avant le repas que nous sommes invités à prendre avec les six prêtres du sanctuaire. J'en profite pour lire et écrire pendant qu'Erick s'en va avec Don Paul pour discuter avec lui dans son bureau. Je suis heureuse pour lui car je sais qu'il peut lui parler sans tabou, qu'il sera écouté et conseillé. Je sais que Don Paul peut apporter une parole de réconfort à ceux qui ont peur de leur propre mort en leur disant : « Souvent on met des sparadraps sur notre angoisse et on se console avec les plaisirs, l'argent, le pouvoir. On se console, mais pas pour longtemps. Avec la foi, je sais que je ne me jette pas dans le néant, mais que je vais à la rencontre de quelqu'un qui m'aime. Dans le Christ, Dieu s'est fait proche de toutes nos agonies. » Il peut réconforter aussi ceux qui s'inquiètent du salut de leurs proches décédés : « La foi va jusqu'à s'en remettre à Dieu pour tout : "Seigneur, toi qui sauves, prends soin de ceux que j'aime." Accepter la mort – la sienne propre aussi bien que celles de proches qui semblent de pas s'y être préparés – demande force et courage. On n'y arrive que si on accepte que l'Amour a pris soin, et prend soin, de chacun en particulier. » Et surtout il rappelle aux « survivants » comme nous que tout n'est pas fini : « Nous avons parfois, nous chrétiens, la tentation de nous réfugier dans une vie spirituelle un peu désincarnée. Or nous allons ressusciter avec ce que nous sommes. Et tout ce que je fais ici-bas prépare mon éternité. C'est hyper engageant ! Pour construire le royaume, l'amour concret s'avère le seul critère qui vaille. »

Après le repas bon enfant et très enthousiaste, nous nous dirigeons vers la basilique pour assister à la veillée de prière. Le vaste édifice fait toujours forte impression quand on y entre, mais encore plus en pleine nuit. Nous passons soudainement des ténèbres extérieures aux mille étoiles des lustres frappant la pierre blanche. Les vitraux ne jouent plus leur rôle de filtres multicolores si bien que l'église, au lieu de nous offrir un chatoiement de couleurs, nous enveloppe d'une douce et paisible lumière lactée. Nos pas résonnent dans l'immense nef vide. Tout au fond du chœur, un ensemble sculpté de plusieurs mètres de haut surplombe le maître-autel. La Vierge Marie porte dans ses bras l'Enfant Jésus. Aux pieds de la Vierge, deux jeunes filles. Elles symbolisent une seule et même âme en deux états successifs. À gauche, l'âme est encore en purgatoire au milieu du feu de l'amour purificateur. Les mains de la jeune fille sont liées car elle n'est pas libérée des peines dues aux péchés commis. Mais elle tourne les yeux pleins de confiance vers Marie qui la regarde et la recouvre de son manteau protecteur. Elle est assurée de sa délivrance. À droite, la jeune fille croise ses mains enfin libres sur sa poitrine. Elle se redresse au sein d'une nuée. Elle regarde non plus Marie mais l'Enfant Jésus qui se penche pour lui remettre la couronne de gloire. Elle entre au paradis. Deux jeunes filles donc. Deux âmes. Deux états, le transitoire et le définitif. Peut-être Marion et Anna ont-elles déjà traversé le premier et jouissent-elles du second ?

Nous avançons, passant l'une après l'autre les rangées de chaises vides. Sur l'autel, l'ostensoir évidé en son centre n'attend plus que l'hostie consacrée pour rayonner de mille feux. Nous nous asseyons derrière la douzaine de sœurs de la Nouvelle Alliance occupant les premiers rangs. Leur habit crème et leur scapulaire bordeaux sont revêtus d'une large coule blanche. Un prêtre se dirige vers le tabernacle du maître-autel, en retire respectueusement la lunule contenant une hostie consacrée et vient la placer dans l'ostensoir pour la présenter à l'adoration du petit groupe présent. Ces quelques vers de Charles Baudelaire, appris il y a bien des années au collège, me reviennent en mémoire :

Un cœur tendre, qui hait le néant vaste et noir,
Du passé lumineux recueille tout vestige !
Le soleil s'est noyé dans son sang qui se fige…
Ton souvenir en moi luit comme un ostensoir !

Mon cœur est tendre. Il hait le néant. Il recueille les vestiges du passé. Le souvenir de mes filles luit en moi. La lueur du souvenir s'unit à l'humble hostie translucide. Le sang du Christ s'est figé à l'heure du crépuscule sur le Golgotha. La vie va-t-elle jaillir du tombeau vaste et noir ?… Oui. Je crois !

Des voix s'élèvent, gracieuses. Ce sont les sœurs qui vont animer la prière pendant l'heure et demie que doit durer la veillée. L'émotion est palpable. Don Paul, revêtu de son surplis et d'une étole blanche, proclame l'évangile depuis l'ambon :

« Philippe trouve Nathanaël et lui dit : “Celui dont il est écrit dans la loi de Moïse et chez les Prophètes, nous l'avons trouvé : c'est Jésus fils de Joseph, de Nazareth.” Nathanaël répliqua : “De Nazareth peut-il sortir quelque chose de bon ?” Philippe répond : “Viens, et vois.” Lorsque Jésus voit Nathanaël venir à lui, il déclare à son sujet : “Voici vraiment un Israélite : il n'y a pas de ruse en lui.” Nathanaël lui demande : “D'où me connais-tu ?” Jésus lui répond : “Avant que Philippe t'appelle, quand tu étais sous le figuier, je t'ai vu.” Nathanaël lui dit : “Rabbi, c'est toi le Fils de Dieu ! C'est toi le roi d'Israël !” Jésus reprend : “Je te dis que je t'ai vu sous le figuier, et c'est pour cela que tu crois ! Tu verras des choses plus grandes encore.” Et il ajoute : “Amen, amen, je vous le dis : vous verrez le ciel ouvert, et les anges de Dieu monter et descendre au-dessus du Fils de l'homme.” » (Jn 1,45-49)

Cet évangile me touche en plein cœur. Dans le mystère de la communion des saints, les filles ne m'ont-elles pas menée à Jésus et à Marie ? Et voilà qu'une sœur élargit mon espace intérieur à la dimension de toutes les victimes par ces mots :

« Parmi tous ces jeunes ou moins jeunes, certains étaient peut-être habités de doutes, voir d'indifférence envers l'existence de Dieu, et sa présence en leur vie. Au moment de vivre le grand passage de ce monde à la vie éternelle, ils ont vécu la rencontre, la vraie, avec le Christ, porte du ciel, qui les a appelés par leur nom. Comme Nathanaël, ils pouvaient s'écrier, “Comment me connais-tu? ” “Quand tu étais dans ce lieu, je t'ai vu. Tu verras de bien plus grandes choses, le ciel ouvert, avec les anges de Dieu monter et descendre au-dessus du Fils de l'homme." Accueillons, dans la foi et l'espérance, cette rencontre que chacune des victimes a été appelée à vivre, sans y être préparée, et intercédons pour elles en nos cœurs. »

Alors que la communauté entonne la litanie des saints, on nous invite, Erick et moi, à déposer une multitude de lumignons en arc de cercle devant l'autel pour représenter toutes les victimes s'approchant du Christ miséricordieux. Je tremble d'émotion, me disant :

« Les filles, nous sommes là pour vous, avec vous. C'est un vrai bonheur d'avancer vers l'autel ensemble, vous me donnez des ailes. »

Tout était tellement chaleureux. J'imaginais toutes les victimes, appelées chacune par leur prénom, se trouvant soudain inondées de la lumière de Dieu, et s'y engouffrant.

Tard dans la soirée, nous avons rejoint notre chambre. Puissent les milliers de youtubeurs, depuis chez eux, avoir senti en nous voyant que l'on peut traverser l'épreuve de la perte d'un être cher en vivant avec simplicité dans la prière, en se confiant à Dieu, à Marie, dans l'espérance de se retrouver là-haut avec tout notre amour intact, plus même qu'intact, mais transfiguré par l'amour de Dieu, purifié par le feu de l'épreuve.

Le lendemain, après le petit-déjeuner, Erick s'entretient de nouveau avec Don Paul pendant que je visite les alentours de la basilique. Le temps de ma promenade, il est l'heure de la messe. Cette fois-ci, les vitraux apportent leur touche de couleur. La célébration est présidée par Mgr Jacques Habert, qui administre le diocèse de Séez où se trouve le sanctuaire, avant d'intégrer le diocèse de Bayeux-Lisieux où il vient d'être nommé par le pape François. Il remplace l'évêque originairement prévu pour animer le pèlerinage et se trouve entouré de cinq prêtres, deux diacres, et d'un seul grand clerc, en l'occurrence un séminariste : confinement oblige. L'orgue résonne sous les voûtes, aucune foule humaine n'étant présente pour en amortir l'écho. Les sœurs chantent de tout leur cœur comme en un jour d'affluence. Don Paul annonce au début de la messe que l'on priera pour les défunts, notamment les morts dans la rue. Et il ajoute de sa voix forte :

« Nous le savons, le terrorisme frappe encore France, en Europe, en Afrique et dans le monde ; récemment à Nice, à Vienne, au Cameroun, au Mozambique. Nous avons souhaité vivre le pèlerinage de ce jour pour les victimes du terrorisme et de la violence. Nous le vivons aujourd'hui avec Erick et Sylvie qui ont perdu leurs deux filles, Anna et Marion, lors des attentats du 13 novembre 2015. »

Et là, le ton de sa voix change. Elle se fait sourde et douce. Il s'adresse à nous directement, nous inclut dans la prière de tous :

« Cher Erick et chère Sylvie. Par votre présence, et je vous en remercie, vous représentez les personnes qui ont été marquées dans leur chair et dans leur cœur par la violence aveugle. Avec vous nous prions pour elles, nous prions les uns pour les autres en nous tournant vers la Vierge Marie, notre Mère, Notre-Dame libératrice, Porte du Ciel et consolatrice des affligés. »

Tous étaient bien émus, et nous plus encore !

Dans son homélie, l'évêque parle de la prière d'intercession, du sentiment que nous pouvons avoir que Dieu ne l'a pas entendue, ne l'a pas exaucée, alors qu'elle était légitime, et qu'en plus elle était portée avec foi, force, persévérance, ferveur. Il donne l'exemple de Zélie Martin, la mère de sainte Thérèse de l'Enfant-Jésus, partie en pèlerinage à Lourdes pour demander la guérison de son cancer. Elle était persuadée qu'elle allait être exaucée. Ne fallait-il pas qu'elle vive pour se donner à ses filles, notamment à Léonie qui lui posait tant de soucis ? Or elle est décédée quelques semaines plus tard dans de grandes souffrances. À vue humaine, la prière de cette mère de famille n'a pas été exaucée. Mais en est-on si sûr lorsqu'on pense que le procès de béatification de Léonie est en cours ? Et l'évêque d'ajouter : « Nous touchons ici le mystère de la fécondité de notre prière, le mystère aussi de la réponse de Dieu, que nous ne comprenons pas toujours immédiatement. » Il nous invite donc à persévérer dans la prière et à nous abandonner à la volonté de Dieu. Il assure que Dieu répond toujours de manière surabondante à la confiance qu'on lui fait !

Au moment de l'offertoire, à nouveau nous apportons des lumignons au pied de l'autel, cette fois avec les sœurs, pour signifier notre foi dans la communion des saints et l'espérance de retrouver auprès du Seigneur ceux que nous avons aimés…

Après la messe, pour le déjeuner, nous sommes invités à partager la table avec l'évêque et celui-ci nous invite à lui rendre visite à la basilique Sainte-Thérèse de Lisieux, ce que nous ne manquerons pas de faire.

Dans l'après-midi, je demande à parler avec sœur Marie-Aimée, la fondatrice des sœurs de la Nouvelle Alliance. Je sais pouvoir compter sur ses lumières. Née dans une famille d'artistes de Saint-Nazaire, elle a d'abord été enseignante en collège et lycée dans le public. En poste dans les Deux-Sèvres, en milieu rural, elle a été bouleversée par la solitude spirituelle des habitants, liée à la déchristianisation et à l'absence de communautés religieuses. Elle a été marquée également par les églises fermées, avec le Christ, seul au tabernacle, attendant et espérant une visite pour déverser dans les cœurs assoiffés son eau vive. Elle a ressenti au fond d'elle-même l'appel qu'il lui adressait de devenir un trait d'union entre le tabernacle et le monde rural. Elle a donc quitté l'Éducation nationale, cherché une communauté qui puisse correspondre à son appel. N'en trouvant pas, elle s'est installée comme ermite dans l'école désaffectée d'un hameau dans les Deux-Sèvres. Au bout d'un an, deux jeunes femmes sont venues la rejoindre, habitées du même désir qu'elle. En 1991, elles sont arrivées toutes trois dans l'Orne où l'évêque de Séez d'alors, Mgr Yves-Marie Dubigeon, les a accueillies, reconnaissant officiellement la communauté en 1994. Alors que les congrégations religieuses vieillissaient, celle-ci attirait, accueillant de nouvelles postulantes.

Alors que je demande à la voir, sœur Marie-Aimée n'est plus la supérieure depuis un an et demi de la communauté qu'elle a fondée. Plusieurs fois, elle avait demandé à ce que le priorat lui soit retiré, sans succès. Mais après plus d'un quart de siècle à la tête de se sœurs, c'est chose faite. Elle paraît jeune encore. Son voile blanc cache les cheveux gris qui doivent être son lot. Ses yeux pétillent de vie. Seules les pattes d'oie qui se forment quand elle sourit – ce qui ne manque jamais d'arriver – font supposer un âge du double par rapport aux plus jeunes de la communauté. Empreinte d'intériorité et de force, son enthousiasme emporte tout sur son passage. Mais on est loin du gourou qui attire tout à lui. Bien au contraire, sa vie m'apparaît comme un constant abandon à la volonté de Dieu. Aussi suis-je en confiance avec elle. À l'heure où l'on trouve de tout sur internet concernant la communication avec les morts, l'endroit où ils se trouvent, les avis si divers selon les religions, les philosophies, les croyances, les personnes, il m'apparaît important d'entrer dans la pensée de l'Église sur ces sujets et de les approfondir.

Mes convictions personnelles rejoignent-elles la foi de l'Église ? Suis-je sujette à des lubies ou puis-je m'appuyer sur ce que je ressens ? Ma foi personnelle, avec tout ce qu'elle comporte d'émotions, de nouveauté, s'intègre-t-elle et trouve-t-elle son horizon dans la foi de l'Église sur les fins dernières : l'enfer, le purgatoire, le paradis ? Cela me paraît primordial. Car à quoi cela me servirait-il de croire toute seule dans mon coin d'une foi qui ne rejoindrait pas ce qui est professé sur le témoignage des apôtres et qui est transmise par leurs successeurs ? Soit l'Église est une construction simplement humaine, et alors à ce titre elle est faillible et il n'y a nulle part sur cette terre à qui se fier. Soit elle a bien été fondée par le Christ sur les apôtres, avec comme mission de le rendre présent jusqu'à son retour dans la gloire, et alors grâce à elle nous remontons au Christ, vivons du Christ, dans une même communauté de foi. Je rencontre bien des personnes qui sont, tout comme moi, dans une grande quête spirituelle. Mais pour elles l'Église est un obstacle à leur quête. Elles croient que l'Église va rétrécir leur champ de vision, les arrêter dans leur élan, les brimer, les punir, que sais-je encore. Moi à l'inverse, avec elle j'ai le sentiment d'être sur une route qui me mène au but, une route sur laquelle elle place des garde-fous pour que je ne m'égare pas, ne tombe pas dans le ravin.

Avec sœur Marie-Aimée, nous avons discuté tout le temps du chapelet dans le parloir attenant à l'église. Elle m'a confortée dans mon retour aux sacrements comme chemin de libération intérieure, dans la pratique du chapelet, de prières de dévotion populaire. À partir de là, elle m'invite à avoir dans tous les petits gestes quotidiens de la vie une attitude eucharistique, telle que la Vierge Marie en a témoigné. « Cette attitude eucharistique, Jean-Paul II l'a décrite. Elle est faite de foi, de sacrifice, d'accueil, de louange et d'action de grâces. »

Ainsi quittons-nous pour la troisième fois le sanctuaire dédié à Notre-Dame libératrice des âmes du purgatoire :

Notre-Dame Libératrice,
Prends en pitié tous nos frères défunts,
spécialement ceux qui ont le plus besoin
de la miséricorde du Seigneur.

Intercède pour tous ceux qui nous ont quittés
afin que s'achève en eux
l'œuvre de l'amour qui purifie.

Que notre prière, unie à celle de toute l'Église,
leur obtienne la joie qui surpasse tout désir
et apporte ici-bas consolation et réconfort
à nos frères éprouvés ou désemparés.

Mère de l'Église, aide-nous, pèlerins de la terre,
à mieux vivre chaque jour
notre passage vers la résurrection.

Guéris-nous de toute blessure du cœur et de l'âme.
Fais de nous des témoins de l'Invisible,
déjà tendus vers les biens que l'œil ne peut voir,
des apôtres de l'espérance
semblables aux veilleurs de l'aube.

Refuge des pécheurs et Reine de tous les saints,
rassemble-nous tous un jour,

pour la Pâque éternelle,
dans la communion du Père avec Jésus, le Fils,
dans l'Esprit Saint, pour les siècles des siècles.

Amen.

Notre-Dame de Montligeon, priez pour les âmes du purgatoire.

Le saint paysan

> Erick

Nous retournerons à la terre. L'humble travail de mon potager me le rappelle sans cesse. « Humble », « humanité », ces deux mots français viennent du même mot latin *humus*, la terre. Quand le soc de mon microtracteur s'enfonce pour retourner la terre et la préparer à recevoir le semis, quand, le dos courbé, Sylvie la bine pour l'aérer, arrache les mauvaises herbes, nous sommes proches du sol, loin de la folie des hommes, de leurs désirs de puissance, de leur folie de grandeur.

L'homme est humus. Notre monde citadin, déconnecté des réalités de la terre, semble l'avoir oublié. En séparant l'homme de la terre, on l'a séparé de ce qu'il est. Il est perdu. À l'inverse, humblement travailler l'humus apprend à être plus humain. Je parle pour moi aussi, pas que pour les autres. L'homme se travaille comme on travaille la terre : humblement, avec persévérance et patience.

Je me suis dirigé vers la boucherie. Mais si j'avais eu à être du côté de la terre, j'aurais plutôt été éleveur que maraîcher ou vigneron. Veaux, vaches, cochons. Nos métiers nous façonnent, certainement. Et ce n'est pas pour rien, je pense, que j'ai des opinions bien tranchées. Distinguer, séparer, fait partie du travail du boucher. Mais depuis que je retourne à la terre, à l'humble travail du sol, je cherche à unir. Toute séparation fait mourir. Toute union fait vivre.

Je réalise que quelqu'un d'humain est tout d'abord humble. Nous avons tous des défauts et des faiblesses, et pour tous notre passage sur terre ne dure qu'un instant. Je pense en second lieu que quelqu'un d'humain est doté d'amour pour ses semblables. Autrement il serait un fauve. Ces deux qualités, je les trouve chez les saints d'origine paysanne.

Ma grande et nouvelle dévotion pour un de ces saints paysans m'est venue par le biais d'un ami vigneron dont l'amitié remonte à mes années parisiennes. Ma boucherie dans le XVe se trouvait entourée de bistrots à vin. Qui dit « bistrot à vin » dit mets et vins. On s'y attable pour savourer une bonne cuisine de terroir accompagnée de vins de propriétaires. Pour fournir de succulentes pièces de boucher, on faisait appel à moi, et pour du brouilly, du morgon, du chiroubles, du régnié, du côte-de-brouilly, du beaujolais-villages, à Jean-Paul Ruet. Il venait à Paris régulièrement depuis son caveau situé à Circié-en-Beaujolais, au pied du mont Brouilly. Il se donnait sans compter à ses vingt hectares de vieilles vignes exposées au sud, sur des coteaux escarpés riches en granit, remplis de galets et de pierres. Il s'adaptait à chaque parcelle, maniait l'art de l'égrappage, du pigeage, du délestage.

Bien que Jean-Paul ait passé la main à son gendre depuis 2010, il prend volontiers la route. Une à deux fois par an, il se rend à Tours avec son épouse Christiane, pour la foire aux vins ou pour une livraison. Il fait alors un petit détour pour nous rendre visite à Monthou. Les attentats n'ont rien changé à ce rituel. Et toujours, plutôt que de les inviter à la maison, nous allons tous les quatre au restaurant. Cette année-là – quand était-ce, je ne saurais dire –, alors que nous discutons de choses et d'autres comme d'habitude, un saint paysan est arrivé au détour d'une question complètement anodine de ma part.

« Qui y a-t-il de par chez vous comme personnage qui aurait marqué l'histoire ?

– Il y a bien le curé d'Ars, répond Jean-Paul. Un prêtre du XIXe siècle. On venait le voir de la France entière. C'est loin et pas loin de chez nous en même temps. Pas loin, car c'est à une demi-heure en voiture. Loin, parce que c'est de l'autre côté de la Saône. On change de département, de paysage, d'agriculture. Ars n'est qu'à l'entrée de la Dombes, ce pays aux multiples étangs. Mais par rapport au Beaujolais, on quitte les cailloux pour la terre, les caves pour les fermes. Le saint curé a transformé son village. Il lui a donné une renommée internationale. Ce curé de campagne est devenu le saint patron de tous les curés du monde. Et le pape Jean-Paul II est même venu à Ars lors d'un de ses voyages en France. »

Le saint curé d'Ars ? Jean-Marie Vianney ? Cela disait bien quelque chose à Sylvie. À moi vraiment rien. Et la conversation a bifurqué sur un autre sujet.

Mais quand le bon Dieu a glissé un petit caillou sur le chemin, il en glisse un autre pour nous guider. Et si on veut bien les voir, un chemin se fait jour. C'est ainsi que quelques semaines après, lors d'une promenade avec Sylvie à Montrichard, nous nous arrêtons chez la bouquiniste au bout de la rue du marché du vendredi. Des cartons sont disposés à même le sol sur le trottoir, des gravures et des lithographies apposées sur la vitre. À l'intérieur règne un joyeux bazar. Aucune surface horizontale n'est laissée inoccupée. Les piles dament le pion aux mètres linéaires des étagères. Des étiquettes sur les tranches des planches, des tables, des cartons d'archives, laissent percevoir malgré l'apparent désordre un certain classement. Dans les rayonnages consacrés à la religion, je trouve un épais livre avec pour titre *Le Curé d'Ars. Saint Jean-Marie-Baptiste Vianney (1786-1859)* et pour auteur le chanoine Francis Trochu. Dieu ne me fait-il pas entendre discrètement sa voix ? Ne me montre-t-il pas une voie ? Je l'achète. Et ce livre devient pour moi un livre de chevet. J'apprendrai plus tard, d'un prêtre, qu'il s'agit là d'une des toutes premières biographies du curé d'Ars, et encore aujourd'hui la plus connue.

Je m'imprègne de la vie de ce saint. Je découvre un prêtre de la campagne, qui passe des heures au confessionnal, dix à douze heures en hiver, quatorze à seize heures en été. Ce qui s'y dit, nul ne le sait. Mais il est certain qu'on y déverse tous les malheurs du monde possibles et tous les cas de conscience imaginables : maladies, décès de proches, ennuis pécuniaires, problèmes conjugaux, désirs d'enfants, discernements de vocation. On sait aussi que les pèlerins arrivés angoissés, désespérés, tristes, repartent rassérénés, pacifiés, revigorés. Et tant qu'ils en font venir d'autres ! Parmi ces autres, et plus d'un siècle et demi plus tard, nous en sommes. Le récit de la vie du saint homme, son langage imagé, son bon sens paysan m'ont donné envie de me rendre sur place avec Sylvie.

Ma tendre et chère épouse réserve trois nuits à l'hôtel et nous partons un beau matin de novembre. Nous traversons le Rhône, roulons sans encombre sur les routes toutes droites du plateau où, sans trop savoir comment, nous nous égarons. Nous ne faisons pas appel au GPS, car l'un comme l'autre nous sommes plutôt imperméables aux nouvelles technologies. Dans la panade, je me rappelle la lecture dans le livre du chanoine Trochu de l'arrivée à pied du saint curé nouvellement nommé dans ce petit village dombiste. Tout comme nous, l'abbé Vianney n'avait pas trouvé son chemin en son temps. Croisant un petit pâtre, il le lui avait demandé. Celui-ci le lui avait indiqué et le jeune curé lui aurait alors répondu : « Tu m'as montré le chemin d'Ars, je te montrerai le chemin du Ciel. » Pour nous qui tournons en rond, nous cherchons aussi bien l'un que l'autre. Mais avec la nuit qui tombe, le premier est plus urgent. Enfin nous trouvons un croisement doté d'un panneau indicateur, à presque un kilomètre du village. Et là, à l'entrée du bourg, notre hôtel, face à une statue en bronze de sainte Philomène, la protégée du curé.

Du haut de son piédestal, palme du martyre à la main, elle accueille les pèlerins du monde entier, dont nous.

La vie ascétique telle que l'a pratiquée le curé d'Ars n'est pas notre vocation, aussi je sais gré à Sylvie d'avoir choisi un hôtel calme et confortable. Après une bonne nuit, nous voilà partis en excursion. Nos pas nous conduisent vers la basilique qui surplombe tout le village et les champs alentour. Nous ne savons ce qu'il nous faut le plus admirer : les restes de la si pauvre et petite église romane, les extensions réalisées du temps du saint curé, fruits de sa ferveur et faites pour répondre à l'influence des foules, la coupole hexagonale construite après sa mort, toute en marbres, mosaïques et décors peints. L'église est une plongée dans le passé, un voyage dans le temps. Assis dans la nef, on imagine le saint perché dans la chaire, délivrant ses sermons, enseignant ses ouailles. Les cinq chapelles latérales révèlent les dévotions du curé, à la Sainte Vierge, à saint Jean Baptiste, à sainte Philomène. Dans cette dernière chapelle, des pèlerins guéris y ont laissé leurs béquilles. Plus loin, nous découvrons la châsse où repose le saint en soutane noire et surplis blanc. L'étole que tout prêtre porte lorsqu'il administre un sacrement rappelle son état sacerdotal. Ses mains entourées d'un chapelet sont momifiées. Son visage recouvert d'un masque de cire semble aussi émacié que s'il ne l'avait pas été. Il laisse entrevoir la vie toute donnée, tout au service de ses frères et sœurs en humanité.

Dans une des chapelles de l'église le saint curé écoutait les confessions des femmes, dans l'ancienne sacristie celles des hommes. Nous y découvrons le confessionnal en bois tout de guingois, dédié exclusivement à leur écoute. Et dire que le saint curé y était enfermé toute la journée, sans bouger, sans sentir la chaleur du soleil, la douceur du vent, la bonne odeur des champs ! L'haleine fétide des bouches édentées avait beau les remplacer, il sentait le cœur contrit, entendait ces aveux passant du cœur aux lèvres, voyait les larmes du repentir. Comme un bon jardinier, il sait travailler la terre des âmes les plus endurcies pour les rendre fertiles. Devant lui, ces hommes qui jouent les gros durs pleurent comme des enfants. « Nos fautes sont des grains de sable à côté de la grande montagne des miséricordes de Dieu. »

L'homme est simple. Rien de sophistiqué, d'alambiqué, de factice chez lui. Chacun pouvait se sentir compris, rejoint. Mais pas pour rester dans sa fange. Sa simplicité est exigeante. Il invite à éviter les circonvolutions, les propos biaisés, les sous-entendus. Il faut être droit, direct, bref. « Vous pouvez tromper votre confesseur, mais rappelez-vous bien que vous ne tromperez pas le bon Dieu, qui voit et connaît vos péchés mieux que vous. » Le repentir compte plus que tout, si bien qu'il faut donc « mettre plus de temps à demander la contrition qu'à s'examiner ». La demander, à qui ? À Dieu bien sûr, car « l'homme est un pauvre qui a besoin de tout demander à Dieu ». Pour lui, « ce n'est pas le pécheur qui revient vers Dieu pour lui demander pardon, mais c'est Dieu qui lui-même court après le pécheur et qui le fait revenir à lui ». Avec une contrition parfaite, on est pardonné « avant même de recevoir l'absolution ». « La miséricorde de Dieu est comme un torrent débordé. Elle entraîne les cœurs sur son passage. » Voilà donc un curé sans compromission avec le mal, tout entier au pécheur qui se repent. « Soyez tranquille sur votre condamné, déclare-t-il à un aumônier de prison. Il va se convertir et faire une bonne mort. » Quelques jours plus tard, l'aumônier recevait la confession du condamné à mort.

Nous restons toute la matinée dans l'église, assistant également à la messe qui y est donnée. Je me rends compte que j'ai vécu dans une certaine naïveté. Comme si aucun malheur ne pouvait m'atteindre. Et ce que jamais je n'aurais pu imaginer est arrivé. Et le saint curé m'enseigne : « Il faut aimer les croix. Les croix nous écrasent tant qu'on les subit. Mais il faut demander l'amour des croix. » « Le bon Dieu veut nous rendre heureux, et nous, nous ne le voulons pas. » Un bonheur serait-il donc encore possible dans notre malheur ?

Après le repas, nous repartons visiter le presbytère habité pendant plus de quarante ans par le saint curé. Le bond dans le temps est saisissant. Tout est resté en l'état. Sous l'auvent de la petite cour, une maquette du village tel qu'il était en 1849 donne vraiment l'impression d'un gros hameau entourant l'église. La plupart des ouailles du curé devaient habiter les fermes alentours. Des propos du curé peints sur bois ornent les murs en torchis : « Maintenant que je cultive les âmes, si j'avais le temps de penser à la mienne. » « Que diriez-vous d'un homme qui travaillerait le champ du voisin et laisserait le sien sans culture ? » « Je crois que ma vocation était d'être berger toue ma vie. »

Dans la cuisine noire de suie, chaudron, table, chaises, bols, écuelles semblent attendre l'arrivée du curé. Dans la chambre, la bibliothèque fournie et la table à écrire rappellent que le saint n'était pas si inculte qu'on peut le croire, même s'il eut tant de mal dans ses études. Le lit en sapin peint surmonté d'un dais, il ne l'occupait que trois heures par nuit. Il y mourut. Le chapeau à large bord du curé négligemment déposé sur une chaise, les reliquaires, gravures de saints et de scènes religieuses accrochées au mur, les reliquaires, châsses miniatures, statuettes et céramiques sous globe de saints disposées sur les commodes désignent l'identité de l'occupant des lieux. Les sabots, les godillots, le mobilier rustique rappellent ses origines paysannes.

Une salle expose divers objets ayant appartenu au curé. Dans la première vitrine, la médaille de la légion d'honneur reçue à la fin de sa vie, dans l'autre coin une petite grille surmontée d'un crucifix avec comme légende « confessionnal qui était dissimulé derrière le maître-autel ». D'un côté ce que les hommes honorent, de l'autre ce qui est honoré de Dieu. Le saint curé ne porta jamais sa légion d'honneur, sinon après sa mort, fixée à son insu sur son cercueil.

Depuis l'étage du presbytère, regardant la placette, je pense à l'arrivée de Jean-Marie Vianney dans ce village perdu. Il s'y déroulait alors des bals connus de toute la région. Un garçon en quête d'une fille facile savait où en trouver une. De l'étage, le curé pouvait voir dehors des couples se former et s'éclipser aussi discrètement que possible. En cas de grossesse, la honte s'abattait alors sur la jeune fille, on la montrait du doigt. Pestiférée, elle devait faire une croix sur sa vie, son avenir. Dans son refus, ou dans son incapacité, à accepter la réalité d'une telle grossesse, elle pouvait être tentée de se tourner vers des remèdes pires encore que la faute, faire appel aux faiseuses d'anges, aux tricoteuses, abandonner l'enfant. Le saint curé est bouleversé. Il choisit la prévention et l'éducation. Il fait le tour des fermes, s'adresse aux parents. Après les avoir mis en confiance, il leur pose la question : « Vos filles, vont-elles aux bals ? » Les parents avouent : « Oui, m'sieur l'curé, mais vous inquiétez pas. On leur fait la morale. » Il prend alors une poignée de foin, la jette au feu tout en criant : « Foin, je te l'ordonne, ne brûle pas ! » Les parents d'en rire : « M'enfin, m'sieur l'curé, quand on met du foin au feu, y brûle… » Et le curé de répondre : « Eh bien voilà, avec vos filles c'est pareil. Vous les autorisez à aller aux bals tout en leur disant "ne brûlez point". Si elles vont aux bals, elles vont brûler. »

On me dira que ce n'est pas la même époque, il n'empêche. Je suis convaincu que de la même manière que ces parents du temps du curé d'Ars ne protégeaient pas leurs filles, notre République ne protège pas ses citoyens. De la même manière que le curé d'Ars ramenait au bon sens, notre France devrait être rappelée à la raison. À mon avis, tant qu'une majorité de personnes n'aura pas retrouvé le chemin de la raison et du bon sens, on ne peut compter sur la République pour nous protéger. Quand les lois édictées ne sont que le résultat d'une décision de la majorité, on arrive à des lois moralement inacceptables, à un asservissement des consciences, à une dictature qui ne dit pas son nom. Jouir d'une liberté sans contrainte, est-ce un si grand progrès que cela ? À son niveau, l'humble histoire du saint curé nous rappelle que non. Si seules des opinions existent, sans fondement objectif solide, nos vies se construisent sur des sables mouvants. Une grammaire de la vie existe, comme nous l'a rappelé le pape Benoît XVI, qui nous construit mais que nous n'avons pas à déconstruire ni à reconstruire à notre gré. Nous laissons des aveugles nous guider, nous remettons la prise de décision au pouvoir tyrannique de la majorité. Comme les bals d'Ars menaient des jeunes filles à leur perte à leur corps défendant, notre société du divertissement à outrance nous mène à notre perte. Nous sommes devenus sourds, aveugles, impotents.

Mais je garde espoir. À chaque époque tourmentée, Dieu en sa providence suscite un saint qui n'est pas à chercher dans un palais mais dans une humble masure. Au sortir de la tempête de la Révolution et de la chute de l'Empire, la France était exsangue. On avait voulu séparer la raison et foi, comme si les deux pouvaient l'être. On avait ensuite voulu éradiquer Dieu. Et dans sa providence, Dieu a suscité le saint curé d'Ars. Notre époque est tout aussi, sinon plus, sans repères aucuns. Sûrement Dieu prépare un saint. Il n'est pas à chercher du côté des puissants. Les humbles sauront le reconnaître. Il ramènera à la radicalité qui fera notre bonheur. Pas à la radicalité des anticléricaux et des laïcistes qui oublient que l'homme est un être religieux qui se crée des idoles à défaut d'adorer Dieu. Jean-Marie Vianney en avait fait l'expérience, avec une paroisse en totale déliquescence lorsqu'il est arrivé à Ars. « Laissez une paroisse vingt ans sans prêtre, on y adorera les bêtes », avait-il un jour déclaré. Pas à la radicalité des islamistes non plus. Les islamistes veulent le succès pour Dieu, ou pour leur Dieu, de Dieu, ou de leur Dieu, au détriment des hommes. Mais à la radicalité de l'évangile. Un saint comme Jean-Marie Vianney n'a pas cherché le succès, même pour son Dieu. Il a laissé Dieu travailler en lui. Il lui a présenté sa pauvreté foncière et l'a laissé faire au point que des témoins diront : « J'ai vu Dieu dans un homme. » Qui, à propos d'un islamiste, peut dire de lui : « Je vois Dieu dans un homme » ? Qui ? Personne. Le saint ne cherche pas à être fort. Il ne cherche pas à écraser. Il ne cherche pas à détruire. Même pour Dieu. Même au nom de Dieu. Cela peut-être humiliant pour lui. Mais justement, cela le ramène à ce qu'il est en vérité : humus, homme. « Seigneur, donne-nous le saint dont notre France a tant besoin. »

Le lendemain la brume étendait son emprise sur le village. Nous décidons de traverser la petite rivière et de monter jusqu'au monument rappelant la rencontre du jeune curé avec le berger. « Tu m'as montré le chemin d'Ars, je te montrerai le chemin du Ciel. » Nous revenons tranquillement main dans la main en silence vers le village. Pendant que Sylvie dirige vers une boutique, je retourne dans la basilique pour prier. Le soleil apparaît d'un coup et illumine la statue dorée de Marie surplombant la façade néoclassique construite du vivant du curé. Marie, porte du ciel, arche du salut, invite à entrer dans l'église.

Je me dirige vers le tabernacle et prie. « Il est là dans le sacrement de son amour, disait le saint curé en montrant le tabernacle du doigt. Il est là, je vous le dis, il est là... Il est là ! Il est là au milieu de vous... il est là pour vous ! Nous travaillons avec lui, nous marchons avec lui, nous souffrons avec lui. » Sylvie me rejoint. Elle m'offre la médaille à l'effigie du saint curé qu'elle vient d'acheter et de faire bénir par un prêtre. Depuis, elle est accrochée à ma chaîne et ne me quitte plus.

Avec Sylvie, nous restons encore ensemble à prier. « Dans la prière, l'âme et Dieu sont comme deux morceaux de cire fondus ensemble, on ne peut plus les détacher », disait le saint. À ces deux morceaux viennent se joindre aussi tous ceux qu'on aime. Ils viennent se fondre aussi à l'amour de Dieu jusqu'à ne plus former qu'un seul amour... « C'est l'accord pour le bien qui plaît au bon Dieu. Il a en horreur l'accord pour le mal. » Jean-Marie Vianney parlait alors de l'union de l'homme et de la femme, de l'union entre époux. Mais ceci est vrai pour toute forme d'union, toute forme d'association. L'accord des terroristes entre eux, il le hait. Car le « grappin », comme le saint curé appelait le diable, en est l'instigateur. Mais l'accord des saints au milieu du mal, il le bénit.

Jésus proposa cette parabole :

« Le royaume des Cieux est comparable à un homme qui a semé du bon grain dans son champ. Or, pendant que les gens dormaient, son ennemi survint ; il sema de l'ivraie au milieu du blé et s'en alla. Quand la tige poussa et produisit l'épi, alors l'ivraie apparut aussi. Les serviteurs du maître vinrent lui dire : "Seigneur, n'est-ce pas du bon grain que tu as semé dans ton champ ? D'où vient donc qu'il y a de l'ivraie ?" Il leur dit : "C'est un ennemi qui a fait cela." Les serviteurs lui disent : "Veux-tu donc que nous allions l'enlever ?" Il répond : "Non, en enlevant l'ivraie, vous risquez d'arracher le blé en même temps. Laissez-les pousser ensemble jusqu'à la moisson ; et, au temps de la moisson, je dirai aux moissonneurs : Enlevez d'abord l'ivraie, liez-la en bottes pour la brûler ; quant au blé, ramassez-le pour le rentrer dans mon grenier."(Mt 13,24-30) »

Dans le retour à la terre et aux joies simples réside notre salut. Le lendemain nous partions d'Ars plein d'espoir. Comme de juste, nous nous sommes arrêtés en chemin chez Jean-Paul et Christiane. Nous sommes allés avec eux dans un restaurant, partageant nos découvertes autour de produits du terroir.

Un pays de foi

> Sylvie

Ars, tout comme Montligeon, a été une oasis dans notre désert. Ces sanctuaires, comme d'autres encore, tels Lourdes, Rocamadour, le Laus, Pellevoisin, permettent aux pèlerins de la vie de trouver aide, réconfort, nourriture pour la route. Au milieu du brouhaha du monde, les couvents et les abbayes qui maillent encore le territoire demeurent des havres de paix. Il nous arrive de tomber sur l'un ou l'autre lors de nos pérégrinations. Un été par exemple, au hasard d'une balade à vélo de l'autre côté de la Loire dans la petite vallée de la Cisse, nous découvrons une grange à foin transformée en chapelle, à côté des bâtiments de ferme devenus couvent. Il s'agit des carmélites de Blois qui ont choisi de quitter la ville pour la campagne dans les années soixante-dix. Nous entrons dans la chapelle et déposons notre tristesse en ce long bâtiment qui engrange désormais des prières. Il est troublant que jamais « avant » nous ne faisions la découverte de tels lieux, à moins que nous n'y ayons été insensibles au point de ne pas les voir. Pour nous, maintenant, c'est comme si les filles nous emmènent toujours vers ces espaces de prière, de silence, de paix, pour nous procurer le repos. Dans la chapelle, une sœur était aussi en oraison. Quand elle est sortie elle m'a fait un signe de la main, mais je n'ai pas osé lui parler. Par timidité, mais aussi pour ne pas intervenir dans sa vie. J'aime les sœurs. J'éprouve pour elles un immense respect. J'admire leur choix de vie. Sortant nous-mêmes, nous avons regardé les horaires des messes en nous promettant de revenir le dimanche suivant. Nous nous retrouvons donc le jour dit au milieu de quelques chanceux et habitués du village et des alentours dans cette église toute blanche nervurée de brun, les sœurs ayant laissé la belle charpente ancienne apparente. Le prêtre nous dit tout simplement « bonjour » et nous invite à en faire de même avec nos voisins, ce que nous faisons avec joie. Cette messe toute simple nous a enchantés. Nous nous sentions bien. Depuis malheureusement, les sœurs ont fermé ce monastère et sont parties vers d'autres carmels. Elles n'étaient plus assez nombreuses pour le faire vivre. Il aurait fallu au moins six sœurs, et elles n'atteignaient même plus ce chiffre si faible. La France est si déchristianisée que nous en pleurerions presque…

Quelle différence avec la Pologne ! Comme Erick l'a déjà évoqué, Corine et Jean nous avaient proposé de passer une semaine à Cracovie en août 2017. Jean connaissait le pays pour y être né et y avoir grandi jusqu'à ses quatorze ans. En fait ses ancêtres étaient arrivés en France au XIXe siècle. Comme beaucoup de Polonais, ils avaient lutté pour l'indépendance de leur pays alors dépecé entre la Russie, la Prusse et l'Autriche. Les insurrections s'étaient succédé : 1830, 1846, 1848, 1863. Chaque soulèvement avait donné lieu à une répression de plus en plus féroce, renforçant l'emprise des trois empires sur leurs territoires respectifs, restreignant les libertés, intensifiant les politiques d'assimilation. Étaient-ils arrivés du temps de Napoléon Ier ? Ou avaient-ils fait partie d'une des vagues migratoires fuyant les représailles ? Et laquelle ? Je ne sais. Toujours est-il que pour eux comme pour les autres exilés politiques, la langue, la religion, la culture, la littérature sont devenues des lieux de résistance.

Pour en revenir à Jean. Son grand-père à sa retraite voulut retourner au pays de ses ancêtres. Sa famille l'a accompagné. Mal leur en a pris. Bien qu'ils fussent français, les communistes ne les laissèrent pas revenir en France. Jean naquit et grandit là-bas. Le retour ne fut possible que grâce à la visite officielle du général de Gaulle en 1967, un an après son voyage en URSS : les Buganski sont des ressortissants français et ne sont pas des espions, ils doivent revenir. C'est dire la grande estime de Jean pour la France, l'aversion ressentie contre toute forme de pouvoir cherchant à assujettir une culture, sa sensibilité quant aux anticorps à générer pour lutter contre toute forme d'assujettissement et d'asservissement.

Plusieurs fois Jean nous a dit : « La France est perdue. » Nous avons compris ce qu'il voulait dire dès que nous avons foulé le sol polonais. Aucune révolution n'est venue démolir les églises, les chapelles, les couvents. À Cracovie, on croise des églises à presque tous les coins de rue. On l'appelle la ville aux trois cents églises ! Que de richesses ornementales dans toutes ces églises, des plus petites aux plus grandes. Elles sont entretenues, bichonnées, fleuries et très fréquentées. On voit des gens entrer et sortir. Ils viennent y prier à tout moment de la journée, ou alors font leur signe de croix sans honte en passant devant. Attitude inimaginable en France ! Des religieuses et des prêtres marchent dans la rue, certains traînant derrière eux leur bagage à roulettes. J'ai envie de les interpeller, mais le blocage de la langue et ma timidité ont raison de moi. Je les laisse donc passer leur chemin buvant le calme qu'ils diffusent.

Sur la grande place du grand marché s'élève la basilique gothique en briques Notre-Dame. Toutes les heures, nuit et jour, un homme apparaît en haut de la plus haute tour. Il porte un clairon à sa bouche et joue une mélodie soudain interrompue. La coutume se rattache à la légende selon laquelle, au XIIIe siècle, une flèche mongole transperça la gorge d'un guetteur sonnant l'alerte. Nous passons l'église baroque Saint-Florian, où le futur pape Jean-Paul II exerça la fonction de vicaire durant deux ans dans cette paroisse universitaire, au tout début de son ministère presbytéral, s'investissant à fond auprès des jeunes, formant leur conscience face à l'athéisme d'État. D'ailleurs, tout Cracovie est lié à ce saint homme. Nous voyons ainsi l'église salésienne Saint-Stanislas-Kostka, véritable plongée dans l'architecture du XXe siècle. Dans cette église, le prêtre Karol Wojtyla tout juste ordonné célébra l'une de ses premières messes, la première en présence d'une assistance. Ce n'était bien sûr pas sans raison. En effet, de 1938 à 1944, il résida sur cette paroisse alors qu'il était étudiant, ouvrier, séminariste. Il y fit la rencontre d'un tailleur, Jan Tyranowski, qui l'ouvrit à la spiritualité des saints du carmel et à saint Louis-Marie Grignion de Montfort, un prêtre français mort quelques mois après Louis XIV. Le pape tirera sa devise *Totus tuus* – « Tout à toi » – du *Traité de la vraie dévotion à la Sainte Vierge* écrit par ce saint. Mais nulle mièvrerie dans ce choix. Toujours Jean-Paul II considérera le sacerdoce comme un roc contre lequel s'effondreraient les forces obscures des totalitarismes. Ce qui arriva.

Nous nous sommes rendus aussi à Jasna Góra, le sanctuaire de la Vierge noire, capitale spirituelle du pays. Il y avait un monde fou ! Que de pèlerins venus de toute la Pologne et du monde entier pour prier la Vierge ! Y étaient célébrées des messes en continu, du matin tôt au soir tard. Notre guide, toute boulotte et souriante, s'appelait Anna ! J'y vis comme un petit signe de notre fille à notre attention. Devant notre surprise de voir le sanctuaire entouré de fortifications, notre guide nous expliqua les troubles et pillages, monnaie courante à l'époque, les balafres laissées sur l'icône de la Vierge Marie vestiges d'un pillage par des bandits hussites le jour de Pâques de l'année 1430. Elle nous raconta que, grâce à ces fortifications, le sanctuaire fort de seulement deux cents soldats et soixante-dix moines put faire face en 1655 à une armée suédoise luthérienne de trois mille hommes. Depuis lors, Jasna Góra est devenu non seulement le cœur religieux du pays, mais aussi le symbole de sa liberté politique. Sans vouloir refaire le guide, j'avoue que, comme Française, je me suis sentie toute petite devant ce peuple si fier de sa foi et de son histoire.

Notre dernière grande émotion fut au sanctuaire de la Divine Miséricorde, à quelques kilomètres de Cracovie. Dans un immense parc se dresse une gigantesque basilique, telle une coque de bateau dirigée vers le ciel, dédicacée par le pape Jean-Paul II lors de son dernier voyage en Pologne. Non loin se trouve le couvent des sœurs de Notre-Dame de la Miséricorde où décéda de la tuberculose sœur Faustine Kowalska, âgée de trente-trois ans, en 1938. D'un côté le gigantisme avec une église capable d'accueillir cinq milles fidèles, de l'autre l'intimisme avec la chapelle conventuelle du XIXe siècle. La visite de la maison de la congrégation et de la chapelle où repose la sainte a été très profonde. Nous sommes restés sans voix. La chaleur dégagée par cette chapelle est indescriptible. Des milliers d'ex-voto dorés en forme de cœurs, de croix, de perles la ceignent, disposés dans des vitrines sur fonds de velours rouge, créant par leurs agencements des phrases et des symboles religieux. On peut lire *Totus tuus* « Tout à toi », *Polonia semper fidelis* « La Pologne toujours fidèle », *Sursum corda* « Hauts les cœurs », *Jesus ufam tobie* « Jésus, j'ai confiance en toi ». Le blond des boiseries vernissées, l'orange des murs peints, les diverses teintes de vert des voûtes, les ors disposés par touches, par lignes, par motifs, tout crée une atmosphère paradisiaque. Dès l'entrée, l'œil est irrésistiblement attiré par la chapelle latérale de gauche, avec la peinture du Christ miséricordieux réalisée selon les indications de sœur Faustine. Au niveau de la table de communion en bois, un prie-Dieu en marbre blanc, doté d'un agenouilloir en cuir, invite à la prière. Une fois agenouillé, les yeux ne peuvent manquer de tomber sur un cadran qui se trouve être un reliquaire de la sainte. Entre la table de communion et l'autel posé en applique contre le mur, légèrement sur le côté, une statue grandeur de la sainte invite de la main à ne pas s'arrêter à sa personne. Elle montre le Christ. Debout, ressuscité, vêtu d'une tunique blanche, il lève sa main droite pour bénir, touche sa poitrine de l'autre. De sa poitrine jaillissent deux flots de rayons sur le monde, l'un blanc, l'autre écarlate. Je lirai plus tard dans les écrits de sainte Faustine que « le rayon pâle signifie l'eau, qui justifie les âmes ; le rayon rouge signifie le sang, qui est la vie des âmes », donc le baptême qui justifie et l'eucharistie qui vivifie. Le fond de la toile est sombre. Toute la lumière émane du Christ ressuscité. Sans Jésus comme lumière dans nos vies, nous retournerions dans les ténèbres. Puis j'ai baissé les yeux et les ai portés sur le petit sarcophage en marbre blanc sous l'autel. On peut y lire, en lettres gravées et dorées, « SW. SIOSTRA FAUSTYNA ». Là se trouvent les restes du chantre de la miséricorde divine, un amour plus fort que le péché, une inconcevable miséricorde offerte à qui veut bien l'accueillir, la planche de salut à saisir pour revenir à Dieu. Je sors de ce lieu fortement troublée.

Nous nous rendons vers la basilique où nous assistons à la messe, en plein après-midi. Dans le chœur, derrière le grand autel en pierre, le tabernacle en forme de globe terrestre cerclé comme d'une auréole attire le regard. Je suis saisie. « C'est le même en tout petit ! » me suis-je dit. En effet, aux obsèques Eugénie et Fanny avaient offert la même sculpture pour « la maison des filles ». En partant, j'ai acheté le *Petit Journal* – 860 pages tout de même sans les notes – écrit à la demande des confesseurs de la sainte. Depuis je lis tous les soirs quelques pages de ce recueil avant de m'endormir pour m'apaiser et comprendre cette vie toute dévouée à Dieu.

Cette semaine en Pologne nous fut très bénéfique spirituellement. Nous avons pu vivre ce pèlerinage à notre façon, sans contraintes, avec nos filles. Mais la réalité du mercantilisme reprit vite le dessus quand nous vîmes en banlieue de Cracovie toutes les enseignes multinationales implantées depuis peu. Puis, de retour en France, nous avons assisté le dimanche d'après à la messe près de chez nous. Quelle désolation de voir nos églises toutes poussiéreuses, sans aucune brillance ! Je tombai même, non loin de Blois, sur une église avec pour mention à l'intérieur : « Nous sommes désolés pour ce vide mural, mais plusieurs pillages sont venus à bout de notre église. » Il ne restait plus sur les murs de tuffeau blanc que le contour noir des cadres disparus. Quelle tristesse ! Abandonnée, cette église l'était. Et combien d'autres le sont également ! Quel choc par rapport aux églises polonaises si propres, nettes, soignées, lumineuses, habitées !

Je lis dans le *Petit Journal* de sœur Faustine :

> « Ma fille, chaque fois que tu viens recevoir le sacrement de pénitence, cette source de ma miséricorde, le sang et l'eau de mon cœur se déversent sur ton âme et l'ennoblissent. Chaque fois que tu viens te confesser, plonge-toi tout entière avec une grande confiance dans l'océan de ma miséricorde, afin que je puisse répandre dans ton âme les largesses de ma grâce. Sache que, quand tu viens recevoir le sacrement de pénitence, c'est moi-même qui t'attends dans le confessionnal : je me cache derrière le prêtre, mais c'est moi qui agis dans ton âme. C'est ici que la misère de l'âme rencontre le Dieu de miséricorde. Dis aux âmes qu'elles ne peuvent puiser de grâces à cette source qu'avec le vase de la confiance. Si leur confiance est grande, il n'y aura pas de limite à mes largesses. Je répands des torrents de grâces sur les âmes humbles, mais les orgueilleux sont toujours démunis et misérables, parce que ma grâce se détourne d'eux pour aller vers les humbles. »

Cela suppose des prêtres. Non seulement ils ne sont plus nombreux en France, mais le scandaleux comportement et la juste condamnation de quelques-uns a jeté l'opprobre sur tous. La suspicion pèse désormais sur eux, leurs pensées, leurs motivations, leurs actes. Satan en rit et se frotte les mains. Mais pas pour longtemps. Pour saint Louis-Marie Grignion de Montfort, ce saint prêtre aimé de Jean-Paul II, lorsque viendra le grand sursaut diabolique des prêtres combattront aux avant-postes. Et quels prêtres ! Et avec quelles armes !

> « Les apôtres véritables des derniers temps, à qui le Seigneur des vertus donnera la parole et la force pour opérer des merveilles, [...] seront de vrais disciples de Jésus-Christ [...]. Ils auront dans leur bouche le glaive à deux tranchants de la parole de Dieu ; ils porteront sur leurs épaules l'étendard ensanglanté de la Croix, le crucifix dans la main droite, le chapelet dans la gauche, les sacrés noms de Jésus et de Marie sur leur cœur, et la modestie et mortification de Jésus-Christ dans toute leur conduite. Voilà de grands hommes qui viendront, mais que Marie fera par ordre du Très-Haut, pour étendre son empire sur celui des impies, idolâtres et mahométans. Mais quand et comment cela sera-t-il ?... Dieu seul le sait : c'est à nous de nous taire, de prier, soupirer et attendre. »

Donc confiance et espérance.

Épilogue

Dans ce livre nous avons voulu témoigner de notre souffrance et de notre foi trouvée ou retrouvée. Nous en avons commencé l'écriture au cœur de la France, dans ce pays qu'on appelle le jardin de la France. Nous le terminons depuis une de ses frontières naturelles, la côte atlantique, plus précisément à Saint-Jean-de-Monts. À cette heure nous contemplons la mer depuis l'appartement que nous avons acheté après la vente de notre boucherie. Nous y venons souvent hors saison, pour être au plus près de la nature et des éléments. Devant nous, les infinis du ciel et de la mer, derrière nous, la terre vendéenne si meurtrie dans son histoire. Derrière, notre passé, devant, notre avenir. Dans le passé nous nous sentions plus français que chrétiens, désormais plus chrétiens que français. Sentiment étrange qui élargit les perspectives, embrasse l'universel.

Nous sommes des seniors et plus en âge de lutter. Nous laissons à d'autres plus jeunes le soin de combattre l'arbitraire des fanatiques fondamentalistes – chez qui seule la loi du plus fort prévaut – et l'arbitraire subjectif de notre société occidentale et de nos démocraties – où seule la loi du plus grand nombre compte. Un jeune n'aime pas la médiocrité. Il veut avoir une juste et bonne raison de mourir et de vivre. Notre société de consommation ne la lui offre pas. Elle ne lui propose que du néant. Si Dieu n'existe pas, tout est permis, tout se vaut, le bien comme le mal. Il est donc grand temps de se rappeler que l'homme est un être religieux. Il est grand temps d'élaborer les lois comme si Dieu existait, plutôt que comme s'il n'existait pas, ainsi que le proposait Benoît XVI, afin de bâtir sur le roc et non pas sur des sables mouvants. Il est temps de chercher le définitif derrière le provisoire, de retrouver les liens unissant toutes choses et tout être, de travailler à renforcer ces liens. Au risque de retourner au chaos.

Depuis le balcon de notre appartement nous écoutons le bercement des vagues. Nul grondement ni ressac violent, car nul rocher ne s'oppose à leur paisible déploiement sur la plage de sable fin. Elles avancent puis reculent au rythme d'un berceau qu'une main divinement attentionnée tendrement balance. Nous laissons nos respirations se joindre à la berceuse marine. Nos mains se cherchent et se trouvent. Nous voici tous les deux unis comme au temps des jours heureux, les yeux tournés dans une même direction, l'ouest. Alors que nous contemplons l'immensité grandiose de la Création à l'heure où le soleil quitte le ciel pour se noyer dans la mer, nos âmes et nos cœurs sont tournés vers l'horizon de Dieu, vers le jour où nous quitterons cette terre et vers le Jour dernier. Nous nous en remettons à la justice de Dieu, la seule qui vaille.

Lui seul peut faire justice. Et il le fera. Pas comme nous l'entendons, certainement, mais nous pouvons en être sûrs. Dans l'incapacité où nous sommes d'exprimer comme il convient notre espérance, nous voulons l'exposer avec les mots du pape Benoît XVI dans son encyclique sur l'espérance chrétienne.

D'abord il constate – et nous en avons fait l'amère expérience – l'injustice foncière du monde et l'illusion à trouver une justice humaine satisfaisante :

> « Un monde qui doit se créer de lui-même sa justice est un monde sans espérance. Personne ni rien ne répond pour la souffrance des siècles. Personne ni rien ne garantit que le cynisme du pouvoir – sous quelque habillage idéologique conquérant qu'il se présente – ne continuera à commander dans le monde. »

Face à ce constat et à notre désir profond d'une justice qui ne soit pas factice, d'une justice véritable, complète et qui touche tout le monde et chacun en particulier, le pape nous invite à nous tourner vers le Crucifié, qui seul est capable d'y répondre. L'injustice de l'histoire ne peut avoir le dernier mot :

> « Maintenant Dieu révèle son propre Visage dans la figure du souffrant qui partage la condition de l'homme abandonné de Dieu, la prenant sur lui. Ce souffrant innocent est devenu espérance-certitude : Dieu existe et Dieu sait créer la justice d'une manière que nous ne sommes pas capables de concevoir et que, cependant, dans la foi nous pouvons

pressentir. Oui, la résurrection de la chair existe. Une justice existe. La "révocation" de la souffrance passée, la réparation qui rétablit le droit existent. C'est pourquoi la foi dans le Jugement final est avant tout et surtout espérance – l'espérance dont la nécessité a justement été rendue évidente dans les bouleversements des derniers siècles. Je suis convaincu que la question de la justice constitue l'argument essentiel, en tout cas l'argument le plus fort, en faveur de la foi dans la vie éternelle. Le besoin seulement individuel d'une satisfaction qui dans cette vie nous est refusée, de l'immortalité de l'amour que nous attendons, est certainement un motif important pour croire que l'homme est fait pour l'éternité, mais seulement en liaison avec le fait qu'il est impossible que l'injustice de l'histoire soit la parole ultime, la nécessité du retour du Christ et de la vie nouvelle devient totalement convaincante. » (*Spe Salvi*, 43)

La justice de Dieu sera rendue à notre mort et coïncidera parfaitement à ce que nous sommes devenus au terme de notre vie. En attendant, il nous faut nous appuyer sur la seule force en nous inépuisable, celle de l'enfant que nous avons été et qui croyait en un monde juste, aimant et beau.

Ni nous, ni nos filles – puisqu'elles sont déjà parties – ne verrons ce qu'il adviendra de notre beau pays, la France. Nous croyons, envers et contre tout. Croire n'est pas voir, mais se fier à un témoin, à quelqu'un qui a vu. En ce sens, nous, chrétiens, avons foi en la parole des apôtres qui affirment avoir vu le Crucifié ressuscité, vainqueur du mal, de la mort, de l'enfer et de Satan. Aussi nous aimerions dire aux chrétiens français de ne pas avoir peur. Nous sommes minoritaires. Nous nous sentons déconsidérés. Peut-être disparaîtrons-nous de France, ou serons-nous chassés comme déjà par le passé. Pensons par exemple les religieux, religieuses, moines et moniales expulsés de France à la fin du XIXe siècle et au début du XXe. Eh bien si sociologiquement et démographiquement parlant nous, chrétiens, avons disparu de bien des contrées au cours de nos deux mille ans d'histoire – en Afrique du Nord notamment –, cela n'a pas pour autant tué l'Évangile, ne l'a pas empêché de se répandre. Le chrétien se doit d'être en état de témoignage, toujours. La forme que celui-ci prend dépend des circonstances. Nous prions pour que lumière et force habitent les chrétiens de plus en plus en situation d'opposition ou d'oppression. Résister ? céder ? jusqu'où ? sur quoi ? Nous serions bien en peine de le dire. L'Esprit Saint saura l'insuffler. Même en imaginant le pire pour nous, les chrétiens, notre foi nous assure que l'amour vaincra. C'est là notre espérance.

Devant le seul Nom qui puisse nous sauver, tout homme, toute femme, sera un jour – celui de sa mort – invité à dire, quels que soient sa religion, son âge, son histoire, ses fautes :

Puisque tu fais miséricorde,
Puisque nos vies sont devant toi,
Puisque tu as versé ton sang pour nous,
Seigneur Jésus, pardonne-nous.

Sylvie et Erick

Homélie aux obsèques

Homélie de Mgr Jean-Pierre Batut, évêque de Blois, aux obsèques de Marion et Anna en la cathédrale Saint-Louis de Blois le 23 novembre 2015, après la lecture des textes bibliques suivants : 1 Corinthiens 15, 51-54.57, Psaume 59, Matthieu 10,28-31.

Anna, Marion, nous sommes là autour de vous. Nous sommes là en foule compacte, dans cette cathédrale et aux abords. Nous sommes très nombreux et très divers : il y a ceux qui vous ont connues et ceux, dont je fais partie, qui ont découvert votre nom et votre visage dans le journal. Il y a parmi nous ceux qui croient en Dieu et à la vie éternelle et ceux qui n'y croient pas. Mais tous, nous avons voulu être là aujourd'hui, autour de vous, avec vous et avec tous ceux qui vous ont connues et aimées.

Je l'ai dit à vos parents : la maison de Dieu est la maison de tous. Nous croyons en un Dieu qui s'est fait homme, et qui est venu habiter les maisons des hommes. Cette cathédrale qui est sa maison, ne peut pas être un lieu séparé de la vie et de la mort des hommes, parce que Dieu aime cette humanité qu'il a créée et qu'il ne l'abandonnera jamais. Par conséquent tous ceux qui sont ici aujourd'hui, croyants ou non, sont chez eux dans la maison de Dieu.

Je ne sais pas quel sens précis chacun donne aujourd'hui à sa présence, mais je suis sûr que si nous avons besoin d'être ensemble autour de vous, c'est à cause de notre appartenance commune à l'humanité ; c'est parce que nous sommes tous des êtres humains.

L'humanité veut être solidaire, elle veut compatir, elle veut dire à ceux qui souffrent : votre souffrance nous concerne, nous la partageons, nous voulons la porter avec vous. Si nous sommes croyants et si notre prière est une vraie prière, elle a toujours pour but de demander à Dieu que les personnes se rapprochent les unes des autres et qu'elles se rapprochent ensemble de lui. Une prière qui chercherait autre chose, par exemple d'éliminer ceux qui nous dérangent, ne serait qu'une caricature de ce qu'est la prière, et elle n'aurait aucune chance d'être exaucée. « Aimer Dieu de tout son cœur, dit un jour quelqu'un à Jésus dans l'Évangile, et aimer son prochain comme soi-même, cela vaut mieux que toutes les offrandes et tous les sacrifices. » En entendant son interlocuteur dire cela, Jésus lui fait cette réponse : « Tu n'es pas loin du royaume de Dieu. »

On pourrait dire les choses autrement : si l'humanité veut être solidaire (même si elle y arrive très mal), si elle veut être fraternelle (même si notre égoïsme nous rattrape souvent), si elle veut tenir parole (même si nous sommes souvent infidèles à nos promesses), c'est parce qu'elle a une âme. Le chrétien que je suis dira : c'est parce qu'en tout être humain il y a un lieu secret où Dieu parle à son cœur. Un grand texte de l'Église catholique le rappelle : « La conscience est le centre le plus secret de l'homme, le sanctuaire où il est seul avec Dieu et où sa voix se fait entendre. [Là, il découvre la] loi qui s'accomplit dans l'amour de Dieu et du prochain[1]. »

C'est notre âme ou notre conscience (appelons-la comme on veut) qui nous pousse à l'amour de Dieu et du prochain. C'est elle qui nous fait être présents aujourd'hui, et c'est quelque chose qui ne peut pas mourir même si on tue notre corps. Nous venons de l'entendre dans le passage d'Évangile qui nous a été lu, et où Jésus lui-même nous dit : « Ne craignez pas ceux qui tuent le corps, et qui ne peuvent rien faire de plus. » Ne craignez pas… Pourtant, ceux qui tuent le corps nous font peur : dans notre pays, inutile de nous le cacher, nous avons peur. Mais Jésus ne nous dit pas qu'il ne faut pas avoir peur, il nous dit qu'il existe des dangers plus grands que ceux qui menacent notre vie biologique. « Ne craignez pas ceux qui tuent le corps, et qui après cela ne peuvent rien faire de plus. Je vais vous dire qui vous devez craindre : craignez plutôt celui qui, après avoir tué, peut mener à sa perte l'âme aussi bien que le corps. »

Oui, perdre son âme est bien pire que de perdre son corps. C'est la pire des choses qui peut arriver à un être humain : perdre ce qui fait de lui un être humain. Or,

1. NDÉ : Concile Vatican II, *Gaudium et spes*, n° 16.

c'est une chose possible. Les machines à tuer qui ont semé l'épouvante l'autre vendredi à Paris avaient perdu ce qui fait d'un homme un être humain. Leur corps était vivant, pour quelques secondes encore, avant qu'eux-mêmes ne le fassent disparaître ; et leur cerveau, leurs mains exécutaient des gestes mécaniques, des gestes appris pour donner la mort. Mais où était leur âme ? Qui la leur avait prise ? Autant de questions dont nous n'avons pas la réponse. Ce que nous constatons, c'est qu'ils ont tué, comme on dit justement, « sans état d'âme ».

Comment certaines personnes peuvent-elles ne plus savoir qu'en donnant la mort elles font le mal ? On peut en trouver des explications psychologiques, mais au fond nous ne le savons pas. Ce qui fait qu'un être humain devient un monstre reste mystérieux pour nous. Mais nous savons que c'est vraiment la pire des choses qui puisse arriver à quelqu'un.

C'est pourquoi, plutôt que de nous demander comment on perd son âme, il vaut mieux nous demander comment on la préserve. Quelqu'un m'a dit : « Je suis venu parce que je voudrais qu'Anna et Marion ne soient pas mortes pour rien. » Si nous repartons d'ici tout à l'heure bien décidés à ne pas laisser se perdre notre âme, je pense qu'Anna et Marion ne seront pas mortes pour rien. Si nous en repartons en souhaitant aux bourreaux de retrouver leur âme, elles ne seront pas mortes pour rien. Mais cela ne suffit pas. Si nous pensons qu'il y a en elles quelque chose qui ne peut mourir, alors nous devons nous interroger sur ce « quelque chose », sur ce qu'est au juste l'âme.

Autrement, si nous ne savons rien sur elle, nous pouvons la perdre à l'improviste, sans même nous en rendre compte.

Saint Paul nous y aide, dans la première lecture, quand il nous dit : « Il faut que ce qui est périssable en nous devienne impérissable ; il faut que ce qui est mortel revête l'immortalité. » Alors seulement se réalisera la parole de l'Écriture : « La mort a été engloutie dans la victoire. »

Oui, nous devons nous intéresser un peu moins à ce que nous n'emporterons pas avec nous dans la mort, nos biens matériels, notre confort de vie, et un peu plus à ce qui, en nous, est destiné à l'immortalité. En terminant cette homélie, je songeais à une autre parole de l'Évangile : « Que sert à l'homme de gagner l'univers s'il vient à perdre son âme ? »

Un signe que nous n'avons pas perdu notre âme, c'est que nous demanderons pardon non seulement pour nous, mais aussi pour ceux qui nous veulent du mal : « Aimez vos ennemis, priez pour ceux qui vous persécutent », dit Jésus. Un autre signe, c'est que nous chercherons à vivre désormais notre vie personnelle différemment – à chacun de s'interroger sur ce qu'il veut mettre dans ce mot « différemment ». Mais ce qui est sûr, c'est que nous ne pouvons pas rester les mêmes. Alors, sans aucun doute, Anna et Marion, et tous ceux qui sont morts en cette nuit sanglante du 13 novembre, ne seront pas morts pour rien. « Si le Christ n'est pas ressuscité, dit l'apôtre Paul, mangeons et buvons, car demain nous mourrons » – je traduis : profitons de la vie, chacun pour soi, car ensuite il n'y a que le néant. Mais si le Christ est ressuscité, s'il a vaincu la mort, alors nous pouvons remettre entre ses mains notre âme, dans l'attente de la résurrection de notre corps. Voilà notre espérance. Vivons comme des gens qui ont une âme. C'est le meilleur moyen d'aider nos frères, tous nos frères, à ne pas perdre la leur.

† Jean-Pierre Batut, évêque de Blois

Table

Vous avez aimé ce livre ?

Conseillez-le sur les réseaux sociaux,
à votre libraire, à vos amis,
notez-le sur internet.

Et rejoignez-nous pour découvrir
toutes nos nouveautés sur
Facebook, Twitter, Instagram
ainsi que sur : **editionsartege.fr**

Ou renvoyez-nous, sur papier libre,
la demande ci-dessous à :
Éditions Artège, 9 Espace Méditerranée,
F-66000 Perpignan

Nom : .... Prénom : ....

Adresse :..

Code Postal : .... Ville : ....

Courriel :..

☐ Je souhaite être informé des publications des éditions Artège.

Achevé d'imprimer sur Roto-Page
par l'Imprimerie Floch à Mayenne
en juillet 2021
N° d'impression : 98728
Dépôt légal : juillet 2021
Imprimé en France